영화인이 말하는
영화인

기획 & 진행 최은진 영화평론가 | 최희숙 작가
지은이들 장원석 영화제작자·다세포클럽 & 비에이엔테테인먼트 대표 및 키위컴퍼니 사장 | 전철홍 시나리오 작가 | 방옥경 CJ엔터테인먼트 투자팀장 | 신창환 영화 프로듀서 | 조성희 영화감독 | 이성제 촬영감독 | 김경석 조명감독 | 조화성 미술감독·화성공작소 대표 | 조상경 의상감독·스튜디오 곰곰 대표 | 황효균 특수분장사·CELL 대표 | 최민영 편집감독·C-47 Post Studio 대표 | 정성진 덱스터 스튜디오 디지털 본부장 | 이인규 C-47 Post Studio 사운드 슈퍼바이저 | 김태성 이엘와이드코퍼레이션 음악감독 | 문영우 쇼박스 배급팀장 | 김종애 플래닛 대표 | 김윤정 화인컷 해외팀 이사 | 장병원 전주국제영화제 프로그래머 | 이용철 영화평론가 | 장영엽 『씨네21』 취재팀장 | 최은진 영화평론가 (이상 원고 게재 순)

영화인이 말하는 영화인

2017년 11월 3일 초판 1쇄 발행
2020년 7월 20일 초판 2쇄 발행

지은이 신창환 외 20인 | 펴낸곳 부키(주) | 펴낸이 박윤우
등록일 2012년 9월 27일 | 등록번호 제312-2012-000045호
주소 03785 서울 서대문구 신촌로3길 15 산성빌딩 6층
전화 02) 325-0846 | 팩스 02) 3141-4066
홈페이지 www.bookie.co.kr | 이메일 webmaster@bookie.co.kr
제작대행 올인피앤비 bobys1@nate.com
ISBN 978-89-6051-605-2 14300
ISBN 978-89-85989-61-9(세트)

책값은 뒤표지에 있습니다.
잘못된 책은 구입하신 서점에서 바꿔 드립니다.

(http://seoji.nl.go.kr)와 국가자료공동목록시스템(http://www.nl.go.kr/kolisnet)에서 이용하실 수 있습니다.(CIP제어번호: CIP2017023491)

부키 전문직 리포트 **22**

영화인이 말하는
영화인

21명의 영화인들이
솔직하게 털어놓은
영화인의 세계

부·키

차례

1장 프리프로덕션(Pre-Production)

　01 제작　기승전'영화'로 산다는 것 | 장원석　9

　02 시나리오　영화를 쓰는 일 | 전철홍　21

　03 투자　영화를 함께 낳는다 | 방옥경　31

2장 프로덕션(Production)

　01 프로듀서　창의성과 사업성을 조율하는 영화전문가 | 신창환　43

　02 감독　영화로 세상과 만난다 | 조성희　53

　03 촬영　모든 장면이 내 손 안에 있다 | 이성제　63

　04 조명　명암이 빚어내는 분위기를 사랑해 | 김경석　73

　05 미술　공간에 이야기와 감정을 담는다 | 조화성　81

　06 의상　영화와 캐릭터의 색채를 좌우한다 | 조상경　91

　07 특수분장　아직도 이게 진짜로 보이니? | 황효균　101

3장 포스트프로덕션(Post-Production)

　01 편집　관객과 춤을 추는 기분으로 | 최민영　111

02 특수효과　세상의 모든 영상이 VFX 스튜디오를 거쳐 간다 | 정성진　121
　　03 사운드　영화적 감성을 완성한다 | 이인규　129
　　04 음악　작곡보다 영화 해석 능력이 먼저다 | 김태성　139

4장 더 넓은 영화인의 세계
　　01 배급　이 영화, 관객이 몇 명 들까? | 문영우　149
　　02 마케팅　개봉 전에 관객의 마음을 훔친다 | 김종애　159
　　03 해외 세일즈　재미난 상품을 파는 무역업 | 김윤정　169
　　04 영화제　최전방의 영화 문화 기획자 | 장병원　177
　　05 영화평론　영화의 빛을 글로 옮기려는 갈망 | 이용철　191
　　06 영화기자　영화계의 파수꾼 같은 존재 | 장영엽　203

5장 영화인 정보 업그레이드
　　01 영화인에 대한 궁금증 10문 10답　영화인, 아는 만큼 보인다! | 최은진　217

부록 1 영화인에 대해 알 수 있는 영화와 드라마 | 227
부록 2 전국 영화 전공 대학 일람표 | 233

1장

프리프로덕션(Pre-Production)

01 제작

기승전 '영화'로 산다는 것

| 장원석 |

1976년생. 중앙대 영화학과 재학 중 〈박봉곤 가출 사건〉 제작부 막내로 충무로 생활을 시작했다. 많은 작품의 연출부, 제작부, 제작부장, 제작실장, 프로듀서를 거쳐 2006년부터 영화제작사 다세포클럽 대표를 맡고 있다. 〈의형제〉, 〈끝까지 간다〉, 〈목숨 건 연애〉, 〈터널〉 등의 기획, 프로듀서, 제작자로 활동. 또한 비에이엔터테인먼트 대표 및 키위컴퍼니 사장, 한국영화프로듀서조합 부대표도 맡고 있다.

스물한 살 때부터 지금까지 프로듀서, 기획, 제작, 공동제작 타이틀로 이름이 들어간 영화만 23편이다. 그렇게 23편의 영화 중 상업영화로 불리는 영화들의 평균 관객 수가 309만. 잘난 척하는 말이 아니라 그동안 브레이크 없이 달려왔다는 이야기다. 어린 시절부터 영화판 어디선가 "원석아." 하고 나를 찾는 소리가 들리면 무조건 달려갔고, 그냥 열심히, 시키는 대로, 닥치는 대로 일했다. 그러니 하루아침에 제작자 장원석이 된 것이 절대 아니다.

열다섯 살 때 〈시네마 천국〉에서 시골 소년 토토가 영화감독이 되는 것을 보고 감독을 꿈꿨다. 그러니까 중학교 2학년 때부터 영화감독이 꿈이었고, 중앙대 영화과가 영화 인생 첫 목표였다. 그러다가 고등학교 2학년 때 진학상담을 했는데 "이 성적으로는 중앙대 영화과는 못

간다."라는 청천벽력 같은 소리를 들었다. 꿈을 접을 수 없었다. 고등학교 3학년 때, 아직은 남의 학교인 중앙대학교 안성캠퍼스를 자체 투어까지 하며, '이제 나의 모교가 될 거야.' 하고 자기최면을 걸었다.

간절한 자에게 운이 있나니!

'중앙대 입학'이라는 꿈이 이뤄지는 과정은 마치 한 편의 영화 같았다. 내신으로는 절대 못 들어갈 중앙대 영화과. 본고사 논술을 치르는 날 아침, 시험 직전에 정독한 문제가 토씨 하나 안 틀리고 문제지에 쓰여 있었다. 싱크로율 98퍼센트로(심지어 조사까지 틀리지 않고) 답안지를 적어 나갔다. 그렇게 기적처럼 '진짜' 중앙대 영화학과 학생이 되었다. 돌아보면 행운이라는 '슈퍼 파워'는 그때부터 시작되었다. 운칠기삼이라고 했던가. 간절한 자에게 운이 있나니!

대학 2학년 1학기에 인생에 다시 오지 않을 중요한 기회가 찾아왔다. 초빙 강의에서 영화사 '영화세상'의 안동규 사장님을 만난 것이다. 강의가 끝나고 찾아가 사장님이 제작한 〈헐리우드 키드의 생애〉를 너무 재미있게 보았다며 인사를 했고, 사무실로 놀러 오라는 사장님의 말에 기쁜 마음으로 찾아갔다.

그때만 해도 영화사에서 일해야겠다는 생각은 하지 못했다. 영화 현장 일을 열심히 찾아다녔지만 아무 데서도 불러 주는 곳이 없었다. 안동규 사장님을 찾아간 자리에서 "혹시 제가 일할 데가 있나요?" 하고 물었다. 그날 이후 영화 제작현장에 발을 들여놓았다. 운이 좋았다. 당대 최고 배우 안성기, 심혜진이 출연한 〈박봉곤 가출 사건〉의 제작부 막내로 일했다. 그 시절에는 미처 몰랐다. 10여 년 뒤, 나는 안동규 사장님과 같은 영화사에서 대표를 맡았다. 안 사장님과의 인연도 한 편의 영화 같다.

제작부는 말 그대로 제작을 돕는 부서이다. 제작부가 되려면 첫째, 운전면허가 있어야 하고 운전을 잘해야 한다. 둘째, 엑셀, 파워포인트 등 컴퓨터를 능숙히 다뤄야 한다. 셋째, 체력이 좋아야 한다. 넷째, 궂은 일도 싹싹하게 잘하는 원만한 성격을 갖춰야 한다. 이런 조건만 보면 그럴싸해 보이지만 현실은 그저 '아주 힘들다'의 연속이다.

'제작부'라고 쓰고 '막노동'이라 읽는다

1996년의 제작부나 2017년의 제작부나 다른 파트보다 많이 힘든 현실은 그대로다. 원활한 영화 진행을 위해 준비 작업을 해야 하며, 기본적인 사무 정리는 물론이고 촬영 전후에도 정리할 것이 많다. 구체적으로 설명하자면 촬영 장소 섭외, 촬영에 필요한 각종 제반 준비, 티테이블 세팅이나 정리, 현장 상황에 방해가 되는 차량 통제, 행인 통제, 쓰레기 치우기(특히 담배꽁초) 등이 있다. 한마디로 '힘들다'로 표현할 수 있다. 제작부는 촬영이 진행되는 공간뿐 아니라 그 바깥에서도 촬영이 잘 돌아가도록 모든 일을 담당한다.

몸도 몸대로 힘들지만 일 자체에서 받는 스트레스가 많다. 분명 촬영 현장에 있는데 촬영과 동떨어진 일을 한다는 느낌이 들기 때문이다. "내가 이러려고 제작부가 됐나 자괴감이 듭니다."라는 하소연은 사치다. 꾹 참아 내야 하는 것이다. 욕받이는 기본이고 장소 섭외를 위해 무

:: 배우 하정우가 연출한 〈허삼관〉의 제작자로서 무대인사하는 모습.

릏 정도는 당연히 꿇을 각오가 되어 있어야 한다. 그러니 제작부 막내는 어떤 경우든 '발에 땀 나도록' 정신없이 뛰어야 한다. 나는 제작자가 된 지금도 무릎을 꿇어야 할 상황이면 꿇는다.

현장이 너무 힘드니 도망갈 수도 있었겠지만, 숨넘어가겠다 싶은 순간조차도 현장 공기가 좋았다. 한번은 고된 촬영이 끝나자마자 쓰러진 적이 있다. 정말 잠시 기절을 한 것이다. 〈빙우〉 제작부장을 맡았을 때다. 지금과 달리 표준계약서 없이 24시간 촬영하던 시절이라 제대로 눈 붙일 짬조차 없었다. 모든 스태프가 비슷한 경험을 했겠지만 잠은 '목숨 건 연애'였다. 운전을 하면서 깜빡 졸아 저승사자와 악수할 뻔한 적도 여러 번 있었다. 현장에서 제작부는 체력왕이 되어야 한다.

대학 때 공장 노동, 식당 서빙처럼 힘든 아르바이트를 할 때도 이를 악물고 버텼다. 그래서 여간한 일에는 단련이 됐다고 생각했는데 영화 현장은 그런 내게도 꽤 힘들었다. 바쁜 것은 물론이고, 몸보다 마음이 더 힘들며, 지위가 올라갈수록 책임질 일이 많아진다. 영화 한 편에 여러 사람의 인생이 달려 있기 때문이다. 영화가 흥행에 실패하면 좌절도 크지만 잘되었을 때 오는 보람과 희열은 이루 말할 수 없다. 그래서 저승사자를 만날지 모르는 상황이더라도 현장이 좋다. 아무래도 천생 영화인이지 싶다.

스물한 살 오줌싸개, 서른한 살에 영화사 대표가 되다

막내 시절 '오줌싸개 장원석'이 별명이 될 뻔했다. 〈박봉곤 가출 사건〉 촬영 때 너무 피곤해서 분장실 테이블에서 깜빡 잠이 들었다. 한참 자고 있는데 어디선가 웃음소리가 들렸다. 겨우 잠에서 깨어 눈을 뜨니 주연배우 안성기 선배님이 "원석아, 너 많이 피곤한가 보다. 오줌 쌌다."라고 하셨다. 깜짝 놀라서 보니 바지 안쪽이 축축하게 젖어 있었다. 너무 창피해서 현장을 박차고 나가서 무작정 달렸다. 앞으로는 영화를 하지 않겠다는 복잡한 생각을 품고. 한참을 달리다가 이성이 돌아왔다. 아무리 피곤해도 설마 바지에 오줌을 쌌을까. 냄새를 맡아 보았다. 아뿔싸, 속았구나. 지린내가 나지 않았다!

현장으로 돌아왔더니 안성기 선배님이 뒷짐을 지고 파안대소하시며 "너 오줌 쌌다."라고 계속 놀리다가 잠시 후에 손에 들고 있던 분무기를 쓱 내미는 것이었다. 그 일이 있고서 안성기 선배님의 잔심부름을 교묘하게 안 들어 드렸다. 콜라를 찾으면 커피를 드리는 식으로 선배님도 귀엽게 봐줄 만한 작은 심술을 부렸다. 소심한 복수였다.

오줌싸개가 되어 일을 그만둘 뻔했지만, 그 뒤로 끊임없이 일했다. 여기저기서 같이 일하자는 권유가 이어졌다. 친한 사람들이 하자면 무조건 했다. 아주 바빠서 거절할 때도 있었지만. 간혹 흐지부지되는 일도 있었다. 20대 시절에는 일이 잘될지 안될지 눈치가 없으니 그냥 달려들어서 일만 했다. 현장에 첫발을 디딘 지 딱 10년이 되던 2006년에 안동규 사장님이 회사를 차렸다. 그리고 내게 회사 대표직을 제안했다. 서른한 살에 영화사 대표가 되는 영광의 순간이었다.

대표로서 첫 작품은 영화가 아닌 〈시리즈 다세포 소녀〉라는 OCN 드라마였다. 그때 차린 영화사 이름이 '다세포클럽'이다. 기획은 안 사장님이 하고 나는 총괄을 맡았다. 그 뒤에 온전히 내 영화로 처음 제작자의 타이틀을 달게 된 작품이 〈의형제〉와 〈평행이론〉이다. 〈평행이론〉은 기획, 프로듀서 및 공동제작을 맡았고 〈의형제〉는 아이디어를 낸 제작이었다.

한번 이어진 인연은 '끝까지 간다'

사람들은 내가 배우나 감독 섭외를 쉽게 한다고 생각한다. 영화는 시나리오를 명확하고, 뚜렷하고, 세련되게 영상화하는 것이 최종 목표다. 그리고 이야기를 관객에게 전달할 때 최전방에 서는 사람은 배우다. 그러므로 좋은 주연배우를 캐스팅하는 것이 매우 중요하다. 제일 많은 공을 들여야 하는 중요한 관문이므로 한 작품도 쉽게 한 적이 없다. 그렇다고 안된다고 실망할 필요도 없고, 잘됐다고 좋아할 필요도 없다.

무엇보다 프로 세계에서는 친하다고 봐주고 하는 법이 없다. 실제로 배우 하정우와 호형호제하는 사이지만 일을 할 때만큼은 다르다. 냉정하게 보일지도 모르지만 프로 세계에서는 학연이나 인연은 배제한다. 작품 결정은 상호 간의 '니즈' 문제다. 그러니 배우나 감독과 사적인 친분을 쌓았다고 그 인연을 작품에 연결할 생각은 애초에 버려야 한다. 좋은 작품으로 승부를 걸어야 한다. 수많은 작품을 하다 보면 당연히 배우들과 인연이 닿는다. 명심해야 할 점은 그들은 '동경'의 대상이 아니라, 촬영장에서 함께 부딪치고 일하는 '동료'라는 것이다.

언제 어디서 다시 만날지 모르는 것이 사람의 인연이다. 안성기 선배님은 오랜 시간이 지난 후 내가 총괄 프로듀서를 맡은 〈사냥〉에서 다시 만났다. "혹시 '분무기 오줌 사건' 기억하시냐?"라고 물었더니 "물론 기억하지." 하고 웃으셨다. 한낱 제작부 막내이던 나를 주연배우가 이름까지 기억하는 것은 무척 대단한 일이다. 장항준 감독은 현재 감독으로 더 유명하지만 〈박봉곤 가출 사건〉의 작가였다. 그때의 인연으로 내게 연출부, 제작부 일을 많이 소개해 주기도 했다.

이정재 선배님과 장진영 선배님이 주연한 〈오버 더 레인보우〉에서는 인물 담당 연출부였다. 이후 〈왕의 남자〉 제작실장으로 우연히 이정재 선배님을 만났는데 "〈왕의 남자〉 잘될 거 같다. 고생해라. 원석 씨."라고 격려의 말을 해 줬다. 당시 〈왕의 남자〉가 투자사를 찾지 못하고 시나리오만 돌고 돌다가 겨우 제작에 들어간 상황이었다. 그의 친절한 응원이 천만 관객에 일조한 것인지도 모른다. 돌아가신 장진영 선배님은 영화제 등에서 마주치면 "원석아 잘 지내?" 하면서 어깨도 토닥여 주셨다.

함께 작업한 많은 배우 중 나와 인연이 가장 깊은 사람이 바로 하

:: 〈터널〉의 촬영 현장에서 스태프와 즐거운 한때. 2016년 개봉한 이 영화는 7백만 명이 넘는 관객을 동원했다.

정우다. 같은 학교 선후배 사이라서 더 가깝게 지내는데 처음 만난 것은 영화판에서였다. 윤종빈 감독의 〈비스티 보이즈〉를 시작으로 〈평행이론〉, 〈범죄와의 전쟁: 나쁜 놈들 전성시대〉, 〈577 프로젝트〉, 〈허삼관〉, 최근 흥행작인 〈터널〉까지 함께했다. 나와 가장 많은 작품을 함께한, 장원석의 '다작 배우'다. 나는 그의 연기가 좋다. 내 영화에 30대 중반의 남자 역할이 있으면 무조건 정우와 하고 싶다. 그는 내 작품의 영순위다.

기획은 영화의 핵심이자 시작이다

이제 기획 이야기를 해 보자. 기획은 영화의 핵심이자 시작이다. 내가 아이디어를 낸 〈의형제〉는 '본 시리즈'의 '기억을 잃은 스파이'에서 소재를 얻었다. 우리나라에는 '간첩'이 있으니, 간첩이 과거를 숨기고 살면 어떨까 하는 생각이 출발점이었다.

나는 이런 소재를 다방면으로 찾고 이런저런 이야기를 상상한다. 혼자 생각해 보고 주변 사람들에게 들려주어 재미있다고 하면 메모해 둔다. 그러면서 점점 영화가 떠오르고 발전한다. 자다가도 아이디어가 떠오르면 노트에 적어 둔다. 예전에는 10여 종의 신문을 보며 흥미 있는 소재를 스크랩했다. 지금도 버리지 못하고 가지고 있는 노트가 열 권쯤 된다. 디지털 시대에 걸맞게 요즘에는 휴대폰 속 '북마크'에 수많은 소재를 담고 있다.

다양한 소재는 다음과 같이 기획으로 이어진다. 첫째, 아이템을 떠올린다. 둘째, 3장짜리 시놉시스로 아이템을 적어 본다. 셋째, 10장 정도로 확장해서 써 본다. 넷째, 이야기를 발전시켜 본다. 혼자 하든 영화사를 찾아가든 그렇게 시작한다. 무엇보다 나만의 작은 소재를 영화로 태어나게 해 줄 작가를 찾아야 한다. 그리고 함께 시나리오 작업을 한다. 〈평행이론〉은 이런 단계를 거쳐 만든 작품이다. 기획은 누구나 할 수 있지만 영화의 여러 공정 중에서도 핵심 단계라서 쉽게 할 수 없다. 엄청난 공력이 필요하다.

엄청난 공력은 많이 보고, 읽고, 세상을 경험하는 데서 비롯한다. 간단히 말하면 시나리오를 보는 눈이다. 나는 중학교 2학년 때인 28년 전부터, 약 30년 동안 거의 영화만 생각해 왔다. 어렸을 때는 하루에 한 권 이상 시나리오를 봤다. 요즘은 일주일에 3편쯤 본다. 숫자만으로 설명하기는 어렵다.

또 읽기만 하는 것이 아니라 스스로 직접 써 보기도 해야 한다. 장편 시나리오는 2~3편 직접 써 보았다. 그러면서 계속 아이템에 관심을 가져야 한다. 내 소재로 직접 글을 써 보아야 이야기를 구체적이고 명확하게 만들어 발전시키는 장악력이 생긴다. 그런 기획으로 작가를 고를 때는 그들의 전작이나 평판을 참고하면 된다. 작가가 생각하는 방향과 내 방향이 맞으면 계약을 한다.

〈터널〉은 원작소설을 재밌게 읽은 상태였다. 마침 〈끝까지 간다〉를 함께한 김성훈 감독님이 제안했다. "내가 이걸 하는데 프로덕션을 같이 하면 어때?" 망설임 없이 오케이를 외쳤다. 그렇게 기회를 얻었다. 이후 내가 나서서 캐스팅과 스태프 구성, 예산 편성 및 스케줄링을 했다. 이 모든 것이 제작자의 일이다. 배우 하정우와 감독 김성훈 그리고 제작자 장원석이 함께한 〈터널〉은 개봉한 해에 7백만 관객을 넘겼다.

영화는 혼자 만드는 것이 아니다

제작자는 '영화와의 전쟁'을 한다. 기획 단계의 소재에서 완성된 작품으로 만들어 내기 위해 전투를 하고, 프로덕션과 이후 포스트프로덕션까지 모든 진행 상황을 다 인지하고, 알 수 없는 상황의 공격(?)에 방어태세를 갖춰야 한다. 영화의 시작과 끝에 제작자가 있는 것이다.

평균 309만 관객이면 꽤 잘나가는 기획제작자라는 평가를 받지만 모든 영화가 잘된 것은 아니다. 흥행에 실패하면 원인을 찾아 분석해야 한다. 영화가 잘 안되면 가장 미안한 상대가 바로 투자사다. 아무래도 매우 큰돈이 걸린 일이기 때문에, 투자사와는 '마음의 빚'을 지고 산다. CJ의 투자를 받고 진행한 〈집으로 가는 길〉은 작품은 좋았지만 흥행은 기대에 못 미쳤다. 그다음으로 진행한 작품이 〈악의 연대기〉인데 이 영화의 흥행으로 CJ에 진 마음의 빚을 갚았다.

제작이 안 되거나 예산을 오버하거나 영화가 망하는 모든 일이 제작자의 책임이다. 그래서 제작자는 중재는 기본이고 현명하게 문제를 해결할 수 있는 능력을 항상, 반드시 가지고 있어야 한다. 여기에 커뮤니케이션 기술, 원만한 인간관계, 동시대적인 사고까지 장착해야 한다. 하지만 여기서 중요한 점은, 함께하는 스태프 각자의 커리어를 존중하고 그들만의 독립성을 보장하는 것이다. 영화는 혼자 만드는 것이 아니다. 그러니 그들을 믿고 같이 간다는 마음이 기본으로 깔려 있어야 한다.

영화를 더 사랑하는 방법은 직접 만드는 것

현장에서는 100개의 눈이 나를 보고 있다고 생각하며 일해야 한다. 그만큼 많은 이들이 함께하는 작업이다. 나는 남들보다 현장에 일찍 나가면서 대학교를 중퇴했다. 학교보다 치열한 '현장'이 더 흥미롭고 배울 점이 많다고 느꼈다. 대학에 간 이유가 현장에 가고 싶어서였고 그것이 충족됐으니 졸업장을 따는 것은 크게 의미가 없었다. 경력 초반에 나는 50~100만 원 정도의 계약금을 받고 여러 편의 영화 일을 했다. 생활비로 턱없이 부족했지만 한 번도 쉬어 본 적이 없었다. 촬영하고 집에 와서도 틈나는 대로 DVD 리뷰를 쓰면서 나 자신에게 일말의 게으름도 허락하지 않았다. 경력이 쌓이면서 계약금이 나날이 높아졌다.

요즘은 시스템이 바뀌어서 일을 시작하면 계약을 하고 월급제로 작품에 참여한다. 그러니 현장에 나가서 일하는 것만으로도 다음 일을 위한 일종의 '면접'이 된다. 일을 잘하고 열심히 하면 스태프를 통해 추천이 들어온다. 내 경험을 들자면, 막내 시절 제작부장이 "너 잘하는데 같이 하자." 하면서 점점 위로 올라갈 수 있었다. 그렇게 누군가의 부름으로 제작부 막내, 제작부장, 제작실장, 프로듀서를 거쳐 제작자로 가는 전쟁 같은 꽃길이 열릴 수도 있다. 그러니 현장에 있는 100개의 눈을 항상 염두에 두고 일해야 한다. 함께 일하는 사람들을 존중하며 열심히 하면 손가락 빨 일은 없다.

나는 워낙 긍정적이고 스트레스를 안 받는 성격에 체력까지 좋아서 이 일을 즐기며 할 수 있었다. 영화로 대중과 소통해야 한다는 과제가 '그해 최다 관객동원'이라는 상장으로 돌아오는 그 한순간을 위해 오늘도 이 일을 즐기려고 노력하고 있다. 그렇지만 지금 이 순간도 막 촬영을 끝낸 작품의 마케팅과 배급을 걱정하고 있다. 이렇게 치열하다는 말을 듣고도 제작을 하고 싶다면 뛰어들어라. "기획을 배우고 싶습니다!" 하는 도전도 좋고 "이 시나리오를 제 서랍에 썩히기 너무 아까워서 찾아왔습니다." 하며 자신 있게 제작자를 찾아가 보라.

일을 시작한 지 1만 220일의 시간이 흘렀지만, 내 삶은 기승전'영화'다. 〈시네마 천국〉의 토토 같은 감독이 되지는 못했지만 그런 감독들과 함께 영화라는 상업적 예술작품을 기획제작하는 제작자가 되었다. 이 글을 읽는 당신이 영화를 사랑한다면 사랑하는 영화를 더 사랑하는 방법은 영화를 만드는 것이라고 말해 주고 싶다.

(구술정리: 최희숙)

02 　　　　　　　　　　　　　　　　　　　　　　시나리오

영화를 쓰는 일

| 전철홍 |

1972년생. 한신대학교 기독교교육과를 졸업했다. 한국시나리오작가협회에서 운영하는 작가교육원을 거쳐 2005년 〈주먹이 운다〉로 데뷔했다. 〈표적〉, 〈군도: 민란의 시대〉, 〈명량〉 등의 시나리오를 썼다.

우리나라에서 전업 시나리오 작가로 사는 방식은 두 가지가 있다. 하나는 오리지널 시나리오를 써서 회사에 파는 것, 또 하나는 회사의 의뢰를 받아서 계약을 하고 시나리오를 쓰는 것. 비율로 보면 2대 8 정도로 회사의 의뢰를 받는 경우가 대부분인데, 이름이 알려질수록 그렇다. 내 작업도 대부분 제작자나 프로듀서, 감독의 기획을 받아서 쓰는 경우다.

　글 쓰는 사람이라면 누구나 자신의 스토리를 쓰고 싶겠지만, 작가의 오리지널 시나리오가 영화화되는 경우는 드문 것이 현실이다. 나는 일기처럼 오리지널 스토리를 끼적거리면서 그런 불만을 해소하고 있는데, 간혹 의뢰받은 기획이 내가 고민하는 스토리와 비슷할 때는 기쁘고 감사한 마음이 든다. 혹시 오리지널 시나리오만 쓰는 작가가 되겠다는 분은 이 글을 읽지 않으셔도 된다. 실패담만 들을 테니까.

상업영화의 시나리오를 쓰는 전업 작가가 되겠다고 마음먹었다면, 다른 사람의 기획대로 써야 하는 불편한 현실을 각오해야 한다. 물론 누군가의 지시를 받으며 앵무새처럼 시나리오를 써야 한다는 것은 아니니 너무 절망하진 않아도 된다. 또 기획이라는 것이 대단히 상세하고 거창하지도 않아서, 작가가 자신의 스토리를 채울 만한 충분한 공간이 있다. 다만 그렇더라도 최초의 기획을 벗어나서는 안 된다.

나는 작가가 아니다, 각본가다

시나리오 작가가 누군가의 기획을 받아 계약을 하고 시나리오를 집필한다면, 어떤 경우라도 스토리의 족쇄를 피할 수는 없다. 협의하고 설명하고 설득하고 양보하는 지루한 과정 끝에 시나리오를 완성해야 하는 것이 현실이다. 그렇게 시나리오를 쓰는 나는 과연 작가일까? 온전히 자신의 내면에서 토해 낸 글이 아닌데 스스로 작가라고 부를 수 있을까? 내가 내린 결론은 '아니다'였다. 내가 최초로 기획하고 끝까지 내 의지만으로 완성한 오리지널 시나리오를 쓰지 않는 이상 나는 작가가 아니다. 나는 '각본가'다. 영화에서 시나리오 집필을 맡은 스태프다. 이렇게 생각하고 나니 이 직업이 편해졌다.

이런 괴팍한 이야기를 하는 이유는 문학계에서 말하는 작가와 영화계에서 말하는 작가가 다르다는 것을 말하고 싶어서다. 시나리오 작가는 글을 쓰는 사람이 아니라 영화를 쓰는 사람이다. 시나리오라는 텍스트가 관객과 직접 만나는 경우는 거의 없다. 아니 전혀 없다. 시나리

:: 담배 한 개비와 커피를 친구 삼아 마감이 닥치면 밤새우면서 글을 쓴다.

오의 독자는 감독, 프로듀서, 제작자이며 투자사의 담당자들이다. 그들이 시나리오의 생사를 결정한다. 단 한 명의 판단으로 당신의 시나리오는 버려질 수 있다. 시나리오는 영화라는 작품이 완성되는 하나의 과정이지, 그 자체로 독립적인 작품은 아니다.

당신이 글을 통해 작가로 인정받고 온전히 관객들과 소통하고 싶다면 문학을 해야 한다. 아니면 오리지널 시나리오를 써서 직접 감독이 되어야 한다. 당신이 두 경우에 해당하지 않는다면 확실히 알아 두자. 당신이 쓴 시나리오는 언제든지, 얼마든지 수정당할 수 있다.

운명을 열어 준 환상 속의 그녀

영화를 참 좋아했다. 대학 진학으로 전남 광주의 집을 떠나기 전까지 그곳에서 상영되는 영화는 거의 다 봤다. 당시에 극장은 상점에 초대권을 몇 장 주면서 영화 포스터를 붙였다. 자영업을 하는 분들이 영화 보러 갈 시간이 있을 리 없다. 나는 상점을 돌며 초대권을 500원에 사서 영화를 봤다. 인기 있는 영화의 초대권을 구하려고 몇 시간씩 돌아다닌 적도 많았고, 심지어 태평극장 뒤편 2층의 간판 그리는 곳으로 사다리를 타고 올라가서 도둑관람을 한 적도 있다. 죄송한 일이었다.

기말고사 전날 야간자율학습을 땡땡이치고 〈살사 댄싱〉을 보러 갔다가 데이트를 하던 선생님을 극장에서 만나 혼나기도 했고, 소풍날 중간에 새서 〈나인 하프 위크〉를 보러 갔는데 좌석이 없어서 스크린 앞에 자리를 깔고 앉아 김밥 도시락을 까먹으면서 영화를 본 적도 있다. 중학교 2학년 때 일이다. 그 시절을 돌아보면 심각한 중2병이었지 싶다.

아무튼 영화를 정말 좋아했지만 정작 되고 싶은 것은 CF감독이었다. 주윤발이 등장하는 우유탄산음료 광고에 빠져서 음료수 회사가 마케팅 차원에서 시행한 광고 콘티 공모에도 참여했다.

학창 시절에 글을 써 본 적이 없었다. 일기 한번 써 보지 않았다. 대학을 영화와 상관없는 학과로 진학하면서 영화 쪽으로는 관심이 끊어졌다. 그러다가 졸업이 다가오면서 막연하게 영화 일을 해야겠다는 마음이 들었는데 가장 만만해 보인 것이 시나리오 작가였다. 한글만 알면 시작할 수 있는 일이라고 생각했고 조금만 배우면 할 수 있을 것 같았다. 무식한 발상이었다. 졸업을 두어 달 앞두고 한국예술종합학교 시나리오과에 지원했는데 떨어졌다.

낙방을 확인하고 자취방으로 돌아가던 지하철 안에서 한 여자가 눈에 들어왔다. 얼마 전 『씨네21』 공모전 당선 인터뷰에서 본 작가였다. 충무로역에서 내린 그를 무작정 따라가기 시작했다. 어떻게 하면 시나리오를 배울 수 있는지 물어보고 싶었다. 어떤 건물 안까지 따라 갔다가 놓쳤는데 2층에 한국시나리오작가협회에서 운영하는 작가교육원이 있었다. 마침 입학원서를 접수하고 있었고 망설임 없이 지원해서 1년 6개월을 다녔다.

7년 뒤 〈주먹이 운다〉를 써서 시나리오 작가로 데뷔하고서 그 작가를 찾아보려고 했지만 유력한 몇몇 작가들 모두 자신이 아니라고 했다. 도서관에 가서 『씨네21』을 뒤져 봤지만 인터뷰 기사를 찾지는 못했다. 『씨네21』이 아니었던 것일까 아니면 절망감에 빠져 착각을 했던 것일까. 누군지 모를 그에게 항상 고마움을 느끼고 있다.

바닥을 치고서 충무로에서 살아남다

〈주먹이 운다〉가 성공한 덕에 시나리오 의뢰도 많이 들어왔고 시상식장에도 불려 다녔다. 하지만 그 후 6년 동안 바닥을 쳤다. 글에는 힘이 잔뜩 들어갔고 자신감이 지나쳤다. 6년 동안 작업한 시나리오가 모두 엎어졌다. 건조하고 문예적이라는 평이었다. 급기야 내 시나리오로 직접 연출하겠다며 짧은 기간 동안 감독 입봉을 준비하기도 했다.

그러던 중에 만난 작품이 텔레비전 4부작 〈TV 방자전〉이다. 개발에 차질이 생겨 구원투수처럼 투입되었다. 두 달 안에 네 편의 시나리오를 써야 했는데 맨땅에서 시작하는 것과 마찬가지였다. 시놉시스도 없었다. 한 번 쓰고 나면 끝이었다. 다시 고칠 시간이 없었다. 막말로 생각 없이 막 썼다. 그런데 사람들이 좋아했다. 황당한 상황이었지만 나를

∷ 〈주먹이 운다〉, 〈군도: 민란의 시대〉, 〈명량〉 등 내가 작업한 시나리오.

잘 아는 아내는 다른 때와 달리 힘을 빼고 써서 좋았다고 했다.

연출을 준비하던 터라 회사의 배려를 얻어 〈TV 방자전〉 촬영 현장에 자주 가볼 수 있었다. 촬영 기간의 거의 절반을 현장에 있었다. 요즘 영화계에서는 흔치 않은 경험이었다. 그리고 그때 깨달았다. 내가 그동안 너무 내 글만 쓰고 있었다는 것, 그리고 시나리오란 글을 쓰는 것이 아니라 영화를 쓰는 것이라는 사실을 말이다.

그 후 시나리오 쓰는 일에 다시 재미가 붙었고 감독의 꿈은 잠시 접어 두었다. 2014년에 개봉한 〈명량〉, 〈군도: 민란의 시대〉, 〈표적〉 등 여러 편의 시나리오 작업을 이어 갔다. 일이 잘 풀렸다. 〈주먹이 운다〉 이후 〈명량〉이 개봉할 때까지 9년이나 지난 탓에 어느 기자는 그동안 뭘 했느냐고, 다른 일을 하다가 돌아왔느냐고 물었다. 나는 계속 쓰고 있었다고 대답했다. 그렇게 충무로에서 살아남았다.

시나리오 작가의 현실

시나리오를 의뢰받고 계약을 하면 보통 6개월 안에 탈고해야 한다. 월 단위로 끊어 보면, 1개월 차에 시놉시스를 완료하고, 2개월 차에 트리트먼트(구체적인 줄거리)를 끝내고, 3개월 차에는 초고에 들어가야 한다. 4개월 차까지 초고를 완료하면 5개월 차에 1차 수정, 6개월 차에 2차 수정을 해서 탈고한다. 모든 단계에서 회사와 반드시 합의한다. 더 길어질 수도 짧아질 수도 있지만 집필 기간은 대체로 6개월이다. 타당한 기간으로 보기는 어렵다.

오리지널 시나리오라면 2~3주 만에 쓸 수도 있겠지만, 다른 사람의 기획을 받아서 쓰는 시나리오를 6개월 만에 쓰기란 벅차다. 기획의도를 제대로 이해하는 것부터 쉬운 일이 아니다. 이해하고 소통하고 합의하고 취재하는 등 작가가 전력을 쏟아붓기에 6개월은 턱없이 부족하다. 회사가 트렌드에 휩쓸리지 않고 좀 더 장기적인 기획을 하고, 작가의 고료가 최소한 1년은 생활할 수 있는 수준까지 올라가고, 충분한 시간까지 주어진다면, 더 좋은 시나리오가 나올 것이다.

고료 이야기가 나왔으니 솔직히 말해 보자. 10년 전과 비교하면 영화 제작비는 2배가 넘는다. 시장도 많이 커져서 이제는 천만 관객이 드는 영화가 드물지 않다. 감독, 배우, 스태프의 몸값도 올랐다. 그런데 유독 시나리오 작가의 고료만 제자리다. 신인 작가가 받는 고료뿐만 아니라 최고 고료도 마찬가지다. 도무지 이해하기 어려운 일이다. 이유가 뭘까. 내가 내린 결론은 시나리오는 중요하게 생각하는지 모르지만, 시나리오 작가는 별로 중요하게 생각하지 않는다는 것이다. 부끄러운 현실이다.

당신이 가장 잘 아는 이야기를 써라

어떻게 하면 좋은 시나리오를 쓸 수 있을까. 나 또한 여전히 묻고 있다. 내가 찾은 몇 가지 답은 이렇다. 우선 '잘 아는' 이야기를 쓸 것. 잘 알아야 잘 쓸 수 있다. 앞서 말했지만 여러분에게는 시나리오를 쓸 시간이 많지 않다. 회사가 의뢰하는 일을 무턱대고 받아서 하지 말고 자신이 충분히 잘 아는 이야기인지 판단해 보고 선택해야 한다.

작가에게는 데뷔 작품이 중요하다. 사람들은 당신이 쓴 시나리오만 기억할 뿐 당신이 무엇을 잘 쓰는지는 모른다. 데뷔 작품이 작가로서 당신의 간판이다. 그러니 처음부터 잘 아는 이야기로 작업하기 바란다. 잘 아는 이야기가 없다면 당장 준비하라고 말하고 싶다.

그리고 작법을 믿지 말 것. 시나리오에 입문할 때 가장 많이 의지하는 것이 작법이지만, 작법에 기대서 시나리오를 쓰는 것은 좋지 않다. 작법은 모두가 알고 있기 때문이다. 모두가 공유하고 약속한 방식이니 누구나 그만큼은 쓸 수 있다. 작법은 실패의 위험을 낮추는 것이지 절대 성공의 조건이 아니다.

그렇다고 작법을 배울 필요가 없다는 말은 아니다. 작법은 반드시 알고 있어야 한다. 다만 시나리오를 쓸 때가 아니라 고칠 때 활용하라. 초고를 쓸 때는 내용에 집중해야 한다. 인물을 설득하는 데 공을 들이고 창조적인 사건을 만들려고 노력해야 한다. 그렇게 완성된 초고를 수정하고 보완할 때 활용하는 무기가 작법이다. 장치를 설정하고, 장면의 위치를 옮기고, 보조 인물과 플롯을 만들고, 동력을 키우는 일 등에 말이다. 초고를 쓸 때부터 작법에 의존하면 자신만의 스타일이 생기지 않는다. 작법은 시나리오의 치료제다. 애초에 건강한 시나리오라면 치료제는 필요하지 않다.

많이 쓰고 많이 읽어 보고 많이 토론할 것을 권한다. 시나리오 작가를 준비하는 당신은 이미 영화 전문가다. 자신의 시나리오를 많은 동료에게 보여 주고 대화하기 바란다. 동료들이 첫 번째 관객이라고 생각하고 소통하는 것을 즐겨야 한다. 자신의 시나리오가 무시당하고 욕먹는 것을 피해서는 안 된다.

강의를 하다 보면 학생들이 자신의 시나리오는 좀 부족해도 다른 사람의 시나리오는 뜻밖에 잘 분석하는 경우를 흔하게 본다. 장기판 옆에서 훈수를 둘 때 더 잘 보이지 않던가. 그러니 동료들의 평가를 두려워하지 말고 귀 기울이기 바란다.

영화를 많이 봐야 한다. 특히 한국영화를 많이 보고 관객들의 반응을 살펴라. 가능하면 흥행작의 시나리오를 구해서 읽어 보라. 작법 책을 들여다보는 것보다 낫다. 영화가 좋으면 좋은 대로 나쁘면 나쁜 대로 도움이 된다. 시나리오는 글을 쓰는 것이 아니라 영화를 쓰는 것이다. 영화를 많이 보면 자연스럽게 영화의 문법을 깨치는 순간이 온다.

다른 작가나 감독이 어떻게 이야기를 전개하고 풀어 가는지 스스로 학습하기 바란다. 시나리오를 잘 쓰는 방법은 아무도 가르쳐 줄 수 없다. 정답이 없기 때문이다. 만약 당신이 가장 잘 아는 이야기를 쓴다면 누구도 그 이야기를 당신보다 잘 쓸 수는 없을 것이다.

영화 스태프 중 혼자 하는 유일한 작업

시나리오 작가는 자유 시간이 많다. 이 직업의 유일한 장점이다. 그

밖의 장점은 하나도 없다고 해도 지나친 말이 아니다. 영화 스태프 중 유일하게 혼자 하는 일이다. 동료가 없어서 심심하다. 혼자 머리 싸매고 자학하며 쥐어짜는 것이 일이다.

작가가 책상 앞에 앉아 있지 않으면 노는 줄 알지만, 머릿속은 항상 시나리오 생각으로 가득 차 있다. 강조하고 싶다. 놀지 않는다. 어이없게도 가끔 꿈에서도 시나리오를 쓴다. 이 직업은 강박적이다. 시나리오를 한 편 쓸 때마다 네가 이기나 내가 이기나 끝까지 가 보자는 심정이다. 이 직업은 중노동이다. 시나리오가 안 풀려서 진도가 안 나갈 때 회사에서 전화라도 걸려 오면 가슴이 철렁 내려앉는다. 정말이지 수신을 거부하고 싶다.

그런데도 나는 왜 이 일을 계속하고 있는가. 즐거워서다. 은행에 신용대출을 신청하면 거절당하는 별 볼 일 없는 직업이지만, 이 일이 여전히 좋다. 뭔가에 홀려서 무박 3일 만에 탈고한 시나리오를 종이에 토해 내던 신림동 반지하의 잉크젯프린터 소리가 귓가에 맴돌고, '달방'으로 살던 관악구청 뒷골목 여인숙 방의 손바닥만 한 화장대 앞에 쪼그리고 앉아 시나리오를 쓰던 젊은 날의 내가 대견해서 이 일을 사랑하지 않을 수 없다.

이 글을 읽고 있는 당신도 분명히 같은 사랑을 하고 있을 터다. 영화인들의 말을 듣다 보면 겁도 나고 절망감도 들겠지만 그래도 부딪쳐 보기 바란다. 영화계만 힘든 것은 아니니까. 어차피 힘들다면 좋아하는 일을 하면서 힘든 것이 낫다. 여러분 모두의 건필을 진심으로 빈다.

(구술정리 : 최희숙)

03   투자

영화를 함께 낳는다

| 방옥경 |

1976년생. 고려대학교 국어국문학과를 졸업하고 광고회사에서 일하다가 롯데엔터테인먼트로 이직, 영화 마케팅 업무를 거쳐 투자 업무를 시작했다. 이후 CJ엔터테인먼트로 옮겨 〈늑대소년〉, 〈명량〉, 〈탐정 홍길동: 사라진 마을〉, 〈아가씨〉, 〈인천상륙작전〉 등을 담당했다.

대학 때 전공은 국문학이었다. 졸업 후 광고회사에 들어갔다. 6년 차가 됐을 때 문득 일에 흥미가 떨어졌다. 무엇보다 불규칙한 생활로 의욕이 바닥났다. 회사 앞길 건너편에 극장이 있었고 시간만 나면 영화를 보았다. 그러다가 문득 영화 상영 전에 뜨는 리더 필름 로고가 눈에 들어왔다.

'저긴 그래도 대기업이고, 내가 좋아하는 콘텐츠도 다룰 수 있고, 출퇴근 시간도 잘 지켜지겠지?' CJ엔터테인먼트나 쇼박스의 로고를 보면서 막연히 생각했다. 무작정 연봉부터 따져 봤다. 다니는 회사랑 너무 차이가 나면 안 되니까. 영화와 거리가 멀었던 나는 그렇게 연봉과 규칙적인 출퇴근이라는 조건을 희망하며 롯데에 지원했다.

예측 불가능한 경쟁의 세계

당시 롯데엔터테인먼트 사무실은 제2롯데월드 공사 부지에 있었다. 말 그대로 공사판. 컨테이너에서 일해야 했다. 선뜻 입사하고 싶은 마음이 들지 않았다. 서류 전형을 통과하고 면접을 미루고 있었는데 다니던 회사에서 '짜증 나, 때려치워야겠다!' 하고 결심하는 순간이 왔다. 그래서 면접을 봤다. 컨테이너에서 면접을 본다는 사실에 적잖이 놀라서, 영화를 전혀 몰랐음에도 막상 면접 걱정은 하지도 않았다. 어떤 일을 하고 싶다는 희망이 아니라 하던 일에 회의를 느껴서 옮기려던 회사. 하지만 운 좋게 합격했다.

처음 일한 부서는 마케팅팀이었다. 업무 성격이 딱 공사장 컨테이너 같았다. 입사 후 영화 시나리오를 받았다. 태어나서 처음 보는 물건이었다. 영화 제목도 낯설었고, 영화 찍은 것을 봐도 감이 오지 않았다. 머릿속에서 '이게 뭐지? 나는 누구, 여긴 어디?'라는 질문만 맴돌았다.

게다가 삼성영상사업단 출신인 임원 아래서 일을 했는데, 그분은 제일 먼저 출근하고 제일 늦게 퇴근했다. 당연히 혹독한 훈련을 거쳐야 했다. 규칙적인 출퇴근은 꿈도 꿀 수 없었다. 뭔가 잘못 선택했다는 생각이 들었지만 괜한 오기가 생겼다. 곧장 광고계로 돌아가기도 창피했다. 그래서 그냥 '이 영화 하나만 개봉하면 그만둬야겠다.' 하는 마음으로 일했다.

광고 일에도 경쟁사가 있다. 하지만 그 경쟁은 예측이 가능하다. 영화 분야는 영화사만 잘한다고 되는 일이 아니다. 어떤 영화와 붙느냐에 따라 결과가 달라진다. 당시 개봉을 앞둔 영화의 경쟁작은 높은 인지도와 선호도를 갖고 있었던 〈아파트〉였다. 입사하고 첫 영화가 개봉

∷ 박찬욱 감독의 〈아가씨〉로 2016년 칸 영화제를 방문했다. 외신의 취재 열기가 뜨거웠다.

하기까지 3개월. 영화 일을 만만하게 보았다고 누군가가 내게 벌을 주는 것 같은 시간이었다. 많은 일을 처음 해 보았고 많은 사람을 처음 만났다.

개봉 전날, 영화가 망할지도 모른다는 걱정에 엄청 울었다. 그때는 지금처럼 영화진흥위원회 통합전산망이 없어서 결과 예측이 어려웠다. 그러나 막상 뚜껑을 열고 보니 경쟁작보다 잘된 것은 물론이고 손익분기점도 넘었다. 그렇게 흥행에 성공한 내 첫 영화가 〈아랑〉이었다. 그리고 어느새 나는 다음 영화를 준비하고 있었다.

1년 동안 시나리오 365개를 읽다

〈아랑〉은 제작현장만 빼고 모든 것을 경험한 영화다. 원래 호기심이 많은 성격이긴 한데 아무것도 모르는 상태에서 일을 시작하니 매일매일이 새로운 도전이었다. 어쩜 그렇게 한 다리 건너라도 영화업계를 아는 사람이 한 명도 없는지. 일을 물어볼 사람도 없었고 회사에서 가르쳐 줄 상황도 아니었다.

한 명이라도 더 영화를 봐 주기를 바라는 마음에 중학교, 고등학교 앞에서 전단과 판촉물을 나눠 주며 "이 영화 보고 싶어요?", "다음 주에 개봉해요!" 하고 목 터져라 외치기도 했다. 쉽지 않은 상황을 헤쳐 나갈 수 있었던 것은, 앞서 말한 임원에게 일대일로 일을 배울 수 있었기 때문이다. 딴생각할 겨를도 없이 1년이 지나갔다. 그러고 나니 일에 굉장한 매력을 느꼈다. 매일 똑같은 일이 없었다.

그렇게 싫어하던 공사장에 비가 내려 빗소리가 울려 퍼지면 마치 낭만적인 장소에 있는 것 같았고, 배고플 때 뚝딱 라면이 나오는 함바집까지 정이 들었다. 돌이켜 보면 정말 아무것도 몰라서 무작정 덤벼든 것이 도움이 됐다. 할 수 있는 것은 독학뿐이었다. 영화 이론이나 촬영 관련 책을 보려 했는데 무슨 소리인지 하나도 몰랐다. 그래도 국문학을 전공했기에 시나리오에 대한 이해가 있어서 시나리오 관련서만 모두 찾아봤다. '매일 읽기'를 목표로 세우고 1년에 시나리오를 365개 읽은 해도 있다. 전문 지식이 없었기에 더 악착같이 노력했다.

일이 매력적이기는 했지만 사실 영화 한 편의 마케팅 작업이 끝날 때마다 이제 그만해야지, 그만해야지, 하며 마음을 다잡지 못했다. 너무 늦게 결심하면 광고계로도 돌아가지 못할까 봐 1년만 더 하겠다고 유예 기간까지 정할 무렵 투자를 결정한 작품이 〈과속 스캔들〉과 〈7급 공무원〉이었다.

회사 차원에서도 이 작품들이 성공하지 않으면 상황이 나빠질 분위기였다. 전사적으로 사활을 걸고 움직였고 다행히 둘 다 성적이 좋았다. 그 뒤로 투자 업무에 본격 뛰어들었고 〈위험한 상견례〉, 〈아이들…〉에 이르러서야 영화 일을 그만두겠다는 생각이 더 이상 들지 않았다.

흥행이 궁금해서 점집으로 달려가다

〈마당을 나온 암탉〉, 〈최종병기 활〉로 최고점을 찍은 해에 회사를 떠났다. 영화 일을 처음 배운 롯데에 애사심은 있었다. 이직 이유는 단순했다. 업계 1위 회사에 가 보고 싶었다. 동종업계에서 이직하는 것은 부담스러운 분위기였는데 광고계에서 영화계로 올 때처럼 무작정 실행에 옮겼다.

2011년에 CJ E&M으로 이직했다. 출근시간은 있고 퇴근시간은 없는 것은 여전했지만 만족스러웠다. 심지어 출산을 앞두고 병실에 누워 있을 때조차 문자로 일을 처리했다. 일도 재미있었고 회사 문화도 합리적이었다. 일에 대한 만족도는 결국 흥행과 비례했다. 과정이 너무 힘들어도 결과가 좋으면 싹 잊혔고, 다음 일에 매달릴 힘이 생겼다. 이직하고 맡은 첫 작품이 〈늑대소년〉이다. 신인감독인 데다, 투자 당시 티켓 파워 있는 캐스팅은 아니었지만 7백만 관객이라는 성적을 내면서 일하는 재미가 더 커졌다.

내 경험에 비춰 투자 업무의 시작은 영업이다. 좋은 아이템(시작 단계인 한 줄 아이디어, 시나리오, 원작, 트리트먼트 등은 물론 파트너인 제작사, 감독, 작가, 피디 등을 통칭하여)을 소싱(sourcing)해 오는 것이 중요하다. 그리고 소싱은 사소한 자리에서 시작될 수도 있다.

:: 〈명량〉의 크랭크업 때 감독, 스태프, 그리고 배우들과 함께. 이때만 해도 천만 관객을 넘어 역대 관객 수 1위 영화가 될지 몰랐다.

한번은 김한민 감독과 차를 마시다가 조선 수군이 12척의 배로 왜군의 배 300척을 이긴 명량해전을 영화로 만들고 싶다는 이야기를 들었다. 이순신 장군을 제일 존경하는 나는 가슴이 뛰었다. 막연했지만 무조건 하고 싶었다. 다행히 회사에서도 콘텐츠에 대한 확신이 있었고 제작비 부담이 크지만 도전해 보자는 의지가 있었다. 투자 담당자는 모든 작품의 흥행에 많은 책임감과 부담감을 느낀다. 하물며 〈명량〉은 제작비도 많이 들었고 해전을 다룬 경험도 없었다.

티저 영상 노출이 예정된 날, 세월호 참사가 일어났다. 물에 대한 트라우마를 불러일으킬 수 있는 해전 영상을 취소할 수밖에 없었다. 그 뒤로도 쉬운 일이 없었다. 얼마나 스트레스가 많았던지 나름 신실한 신앙인인데도 점을 보러 갔다. 큰 영화가 개봉을 앞두고 있는데 시국도 어지럽고 경쟁작도 너무 세서 마음이 무겁다고 했더니 "노력한 만큼 결과가 와. '내가 이거까지 해야 하나' 하는 것까지 해야 해."라는 답을 들었다. 열심히 하면 백만씩 스코어가 늘어나고 안 그러면 깎인다고. 또 경쟁작이 예상보다 새롭지 않으니까 승산이 있다고.

특별한 조언은 아니었다. 하지만 그때는 누군가의 한마디가 무척 절실했다. 점집에서 들은 말을 매일 가슴에 새기며 무작정 열심히 했다. 점이 용했던 것일까, 열심히 노력한 덕분일까. 영화는 최고 스코어를 찍었다. 무려 1760만!

이 영화, 내가 책임진다!

투자 담당자는 자신의 영화 스코어를 기억할 수밖에 없다. 특별히 2012년부터 지금까지 개봉 영화 스코어를 적어 온 달력이 있다. 담당한 영화 중 흥행이 잘된 영화보다는 기대에 못 미치거나 흥행에 실패한 영화가 더 많다. 달리 말해 만족스러울 때보다 실망하고 마음고생을 할 때가 더 많았다는 말이다. 제일 힘들 때는 물론 영화가 관객들의 외면을 받았을 때다.

출산을 경험한 뒤로는 이 일이 출산과 비슷하다는 생각이 자주 든다. 아이를 10개월 동안 품어서 낳듯이 영화도 프리프로덕션부터 프로덕션, 포스트프로덕션까지 평균 10개월이 걸린다. 내 아이는 무조건 너무 예쁘다. 그런데 출산을 했는데 사람들은 아들인지 딸인지조차 별 관심이 없다 치자. 열 달을 품었는데 얼마나 속상할까? 투자는 단순히 돈을 넣는 일이 아니다. 어떤 직업이든 일의 종류보다 중요한 것은 일에 대한 태도다. 투자 업무도 마찬가지다.

좋을 때보다 괴로울 때가 더 많았음에도 10년 동안 이 일이 재미있었던 이유는 뭘까? 영화 보는 일이 좋은데 그 좋아하는 일로 밥벌이를 할 수 있다는 것은 축복이었다. 투자 업무는 굉장히 딱딱해 보이지만 감성적 접근이 필요한 일이기도 하다. 기획 초기부터 가능성을 판단하고 시장성을 예측해야 하므로 '기획 마인드'가 중요하다.

실무적인 이야기를 하자면, 투자에서 가장 먼저 하는 일은 작품을 검토한 뒤 선정하여 투자 의사 결정을 하는 것이다. 사실 투자 업무를 맡기 전에는 '왜 저기에 투자해? 망할 줄 모르나?' 하고는 했다. 투자사 입장에서는 시나리오, 연출, 캐스팅 등 흥행성(수익 시뮬레이션)을 예측하고, 투자 가치를 판단한다.

'투자 가치'라고 해서 단순히 투자수익률로만 판단하지는 않는다. 투자가 결정되면 프리, 프로덕션, 포스트까지 영화 제작 전 과정에 걸쳐 전반적인 제작 관리가 이루어진다. 여기에는 시나리오, 예산 관리, 촬영 퀄리티 관리, 편집, 믹싱, CG 등 후반 작업 관리가 포함된다. 해당 영화에 대한 이해가 깊어야 하고 제작사, 감독, 피디, 작가, 배우, 주요 스태프와의 네트워킹도 매우 중요하다. 관리라고 하면 감시, 감독관의 의미로 오해할 수 있는데 '같이' 작품을 만들어 나가는 파트너로서 존재한다는 의미이다.

운도 실력? 인문학적 소양이 필요하다

투자 업무를 흔히 확률 게임이라고 한다. 그만큼 운이 따라야 한다는 말이고 심지어 '운도 실력'이라고까지 한다. 이런 업무 특성 때문에 스릴이나 도박을 즐기고 무턱대고 자신을 과신하는 사람이 적합해 보일지 모른다. 하지만 나는 그런 성격이 위험하다고 생각한다. 투자는 통찰력이 제일 중요하다. 창의력과 분석력을 바탕으로 한 통찰력. 물론 동물적 직감까지 있으면 금상첨화겠지만 말이다. 여기서 동물적 직감이라는 것은 시장성에 대한 감을 말한다. 그래서 마케팅 업무를 경험하고 투자 업무를 맡는 사람들이 유리하다.

투자 업무에는 기본적으로 인문학적 소양이 필요하다. 책을 많이 읽고 영화를 많이 봐야 한다. 경제적으로 부담이 된다면 도서관에서 책을 읽고 시사회에 응모하거나 모니터링 패널에 지원해 영화를 볼 수도 있겠다.

투자 업무를 하고 싶다고 처음부터 이 일에서 시작할 필요는 없다. 다양한 업무 경험이 투자 업무에 도움이 될 수 있다. 지금 투자 업무와 전혀 상관없는 일을 하고 있다면 그 일에 매진하면 된다. 만나는 사람이 많아질수록 훗날 투자 업무에 필요한 정보가 쌓일 것이다. 자신의 장점을 하나 찾고 극대화하는 것도 도움이 된다.

가족이나 친구들은 "무슨 부귀영화를 보겠다고 그리 바쁘게 일하냐?"고 가끔 묻는데 그럴 때마다 "영화는 많이 본다."라고 답한다. 영화 업계의 진입장벽이 높다고 하지만 결국 답은 영화에 있지 않을까.

(구술정리 : 최희숙)

2장

프로덕션(Production)

01 프로듀서

창의성과 사업성을 조율하는 영화전문가

| 신창환 |

2005년 히트작 〈말아톤〉의 프로듀서로 영화산업에 데뷔했다. 이후 〈마이 파더〉, 〈용의자〉, 〈탐정 홍길동: 사라진 마을〉 등의 작품을 진행했다. 연출 출신으로 연출과 프로듀싱을 아우르는 합리적이고 효율적인 제작을 꿈꾼다.

극장용 영화는 다음과 같은 과정을 거쳐 완성되고 상영된다. 시나리오가 준비되고, 감독을 정하고, 배우에게 시나리오를 돌리고, 그렇게 메인 패키지가 완성되면 투자를 받아 제작에 들어간다. 투자사와 제작사가 서로 합의된 금액 안에서 촬영을 마치면 편집 작업에 착수하고, 이후 CG와 음악 및 믹싱 작업, 그리고 최종 DI(Digital Intermediate)를 거쳐 극장용 DCP(Digital Cinema Package) 작업을 해서 극장에서 상영한다.

프로듀서는 일반적으로 앞서 말한 과정 전체를 책임지는 사람이다. 하지만 우리 영화계에서는 프로듀서의 역할을 기획과 제작으로 분리하기도 한다. 한 편의 영화를 만드는 과정에는 수많은 세부사항이 있지만, 기획에 해당하는 시나리오 완료에 인적, 물적 사항도 많이 결정되고 시간도 가장 오래 걸린다. 이 과정은 앞서 제작자의 글에서 설명하고 있으므로 이 글에서는 감독과 배우의 패키지 이후 벌어지는 투자 결정과 그에 따른 제작 전반을 다루려고 한다. 프로듀서는 이 과정을 책임지고 진행, 관리하는 사람이다.

영화산업의 발전으로 합리적인 제작이 시작되다

어쩌다 영화인이 되었을까? 사실 처음부터 영화인이 되고 싶었던 것은 아니다. 누구나 어렸을 때 비슷한 경험을 했을 법한데, 나는 아버지를 따라 극장에 갔다가 영화에 홀려 버린 '할리우드 키드'였다. 그 뒤로 중고등학교 시절에 영화 마니아가 되었고 자연스럽게 영화를 공부할 수 있는 대학에 진학했다. 그렇게 그저 영화가 좋아서 영화를 만들기 시작했다.

감독과 제작이 나뉘지 않던 시절에 자비로 영화를 제작했고, 사람들과 영화로 소통하기 시작했다. 꽤 기대되는 감독이라는 칭찬을 받았기에 곧 잘나가는 영화인이 될 줄 알았다. 하지만 단편 몇 편 만들었다고 연락을 주는 사람은 하나도 없었다.

그 후 여러 직업을 전전하다가 충무로 현장에 연출부로 들어갔다. 그나마 아는 사람 소개로, 당시 최저시급 500원도 안 되는 급여로. 제작이사는 돈을 받고 너희들을 써도 될 정도로 많은 친구들이 영화인이 되고 싶어서 찾아온다고 말했다. 그 말에 기가 죽어 어떻게든 엔딩 크레디트에 이름을 남기겠다는 목표로 예전의 나를 잊고 일에 매달렸다. 그러나 현장에서 느낀 것은 너무나도 불합리한 시스템이었다.

::〈용의자〉에서 배우가 다리 위에서 강으로 뛰어드는 장면을 촬영하고 있다. 이런 위험한 장면일수록 프로듀서는 현장 진행과 예산, 안전에 특히 신경을 써야 한다.

결국 나는 영화인이 되는 것에 심각한 회의가 들었고 광고 일로 옮겼다. 사회에 나가서 세상을 배우고 현실을 알고 싶었다. 영화는 도제식의 좁은 울타리 안에서 편협하고 독재적인 작업 방식으로 만들어져 직업으로 삼기에는 너무나도 어려운 현실을 견뎌 내야 했기 때문이다.

CJ가 엔터테인먼트 사업을 시작하면서 한국 영화계에 새바람을 불러일으켰다. 당시 CJ는 스필버그 감독이 참여한 드림웍스 사에 상당한 투자를 하면서 한국 영화계와 할리우드를 넘나드는 글로벌 사업 비전을 갖고 시장에 등장했다. 두 마리 토끼를 잡으려던 CJ는 영화산업의 특수한 상황에서 많은 시행착오를 겪었고, 그에 따른 투자 손실을 경험했다. 그러나 극장사업에 참여하면서 영화관의 새로운 플랫폼을 열고, CGV라는 대형 멀티플렉스를 만들어 사업을 확장했다.

그 이후로 메가박스나 롯데시네마 등 대기업의 멀티플렉스 상영관이 성행하면서 배급과 유통을 확보, 콘텐츠 개발과 투자에도 나섰다. 이처럼 시장에 새로운 변화가 일어나다 보니 투자사들이 제작 시스템에 투명한 공정을 요청했고, 많은 기성 제작자들이 자신들만의 영역이었던 제작 시스템을 이전보다는 합리적으로 운영했다.

그 과도기였던 2000년대는 한국영화의 황금기였다. 나 또한 활성화되는 영화 현장에 다시 기웃거렸고, 연출부 일을 하다 보니 영화를 더욱 폭넓게 이해할 수 있는 제작 파트에 점점 관심을 갖기 시작했다. 〈친구〉를 만든 제작사에서 조감독으로 일하다가 프로듀서로 일해 보라는 제안을 받았는데, 업무 성격이 너무 달라 한동안 결정을 미루다가 합리적인 제작 시스템에 대한 고민이 여전히 남아 있어서 결국 자리를 옮겼다. 입봉을 앞둔 감독이 〈초원의 집〉이라는 가제로 쓰고 있던 시나리오에 프로듀서로 처음 참여했는데, 이 작품이 바로 〈말아톤〉이다.

프로듀서는 현장을 만드는 사람

〈말아톤〉은 말 그대로 대박을 쳤다. 그 당시 역대 한국영화 관객 수 10위 안에 들었다. 엄청난 예산이 들어간 블록버스터 영화도 아니고, 스타 캐스팅을 한 작품도 아니어서 이른바 '영화의 힘'으로 성공한 셈이었다. 물론 실화 영화가 유행하던 시대 흐름도 있었지만 장애인을 주인공으로, 마라톤이라는 진부한 스포츠 소재를 다룬 영화가 그렇게 흥행한 데에는 분명 이유가 있다는 것이 주변 영화인들의 반응이었다.

물론 흥행 요인에는 주연배우 조승우 씨가 있었다. 뮤지컬 〈지킬 앤 하이드〉로 큰 인기를 얻은 조승우 씨에게 20대 여성들이 폭발적으로 반응했다. 흥행에 대한 분석은 크게 기획과 마케팅의 성공으로 나뉘었다. 먼저 기획의 성공은 장애인과 스포츠를 대중적으로 잘 접목한 작품이라는 점이 백상예술대상과 대종상의 작품상을 받은 것으로 드러났다. 여기에는 연출자의 역할도 중요했다. 또 배급을 맡은 쇼박스가 어둡고 우울할 수 있는 작품 콘셉트를 밝고 희망적으로 그려 내 많은 관객을 모은 것이 마케팅의 성공으로 평가받았다.

하지만 프로듀서 입장에서 나는 좋은 기획을 현장에서 어떻게 담아냈느냐에 관심이 갔다. 주연, 조연배우와 현장 스태프는 척박한 처우에도 불구하고 대중에게 최고의 작품을 선보이기 위해 최선의 정성과 노력을 기울였다. 나는 프로듀서가 바로 그런 현장을 만드는 사람이라는 것을 배웠다.

한 가지 일만 잘하는 전문기술직이 아니라 정해진 기간과 예산 안에서 크리에이티브와 비즈니스의 조율을 멋지게 해내는 영화 전문가. 기획과 장르에 맞는 제작 전문가와 제작을 책임지고, 크리에이터와 테크니션 들의 협력을 돕고, 배우들이 연기력을 최대로 끌어올리도록 지원하는 일. 그렇게 만들어진 영화를 통해 관객들이 감동을 받고 그 감동이 다시 영화인에게 전달되어 다음 작품을 이어 갈 원동력이 되는 것이다.

한국영화의 제작 노하우, 할리우드를 넘본다

2007년에 〈마이 파더〉라는 작품을 진행하면서 할리우드의 영화 제작환경을 접할 기회가 있었다. 미국 현지촬영 분량이 있었는데 감독이 미국 유학생 출신이어서 감독의 동문 중에서 프로듀서를 찾았다. 그렇게 미국 현지촬영은 캐스팅, 로케이션 헌팅, 미술작업 등이 미국 독립영화 제작방식으로 진행되었다.

이 과정을 통해 나는 우리의 시나리오로 투자를 받고 할리우드에서 캐스팅을 진행해도 큰 문제가 없겠다는 생각이 들었다. 할리우드 대작의 투자금과 배급력이야 격차가 크지만 시나리오 기획과 제작 노하우는 한국영화도 충분히 경쟁력이 있다고 느낀 것이다.

2013년에 〈용의자〉를 제작할 때는 해외 현지촬영의 CIA요원 캐스팅에 '본 시리즈'에서 뜬 배우가 관심을 갖고 지원했다. 개런티와 스케줄이 맞지 않아 〈분노의 질주〉에 출연한 액션 배우로 결정되었지만, 한국영화의 한류 가능성과 언어를 뛰어넘는 영화산업을 엿볼 수 있었다.

앞으로 공동제작을 하는 경우가 더욱 많아질 것으로 예상한다. 특히 봉준호 감독의 최근 영화들처럼 중간 규모의 투자와 배급, 유통망을 가지고 리스크를 해결한다면 앞으로 더 많은 한국 감독들 혹은 다른 나라 감독들이 세계 각국의 배우들과 함께 영화를 제작하는 날이 멀지 않아 보인다.

나도 할리우드에서 개봉하는 영화에 참여하고 싶다. 최근 개봉한 〈탐정 홍길동: 사라진 마을〉은 CG 합성과 3D 애니메이션 작업 등을 통해 지금까지 한국영화에서 볼 수 없었던 비주얼을 보여 주고자 시나리오 단계에서부터 신경을 많이 쓴 작품이다. 사실 할리우드에서는 모든 영화를 이렇게 촬영하여 화면을 완성한다. 물론 그전에도 블록버스터급 한국영화들은 CG를 적극 활용하여 할리우드의 제작방식을 따랐다. 다만 〈탐정 홍길동: 사라진 마을〉은 중간 정도의 예산으로 한국형 판타지를 만들고자 했고, 특히 한국에서 시도하기 힘든 느와르 스타일

:: 〈탐정 홍길동: 사라진 마을〉 세트장. 특수효과로 처리되는 장면이 많아서 영화에서는 야외촬영인 듯 보이는 장면도 그린스크린으로 처리한 실내에서 찍었다.

을 만화적으로 풀어내려고 노력했다.

　제작 노하우도 적고, 솔루션도 많지 않아 초반에는 좌충우돌 작업을 진행하였다. 다행히 감독이 비주얼적으로 비전을 제시하고, 파트별로 감독의 비전을 믿고 열심히 따라 준 덕에 많은 수정이 있었음에도 좋은 결과물을 얻었다. 단순히 배경화면을 합성으로 구현한 것이 아니라 환상의 세계를 하나 창조해 그 안에서 이야기와 캐릭터, 그리고 사건을 풀어낸 것이다.

　아직까지는 그 결과물이 많이 어색하고 낯설지 모르지만, 앞으로 한국영화는 드라마, 액션, 코미디, 공포, 멜로 등 리얼리티를 바탕으로 한 전통적인 장르에서 더욱 다양한 영화를 선보여 관객들에게 새로운 즐거움을 줄 수 있을 것이다.

열악한 제작 환경의 책임자

인생이 부모로부터 시작되어 태어나고, 성장하고, 교육받고, 사회에 나와 자립하고, 다시금 부모가 되어 자식을 낳고, 자신의 역할을 다한 후 죽음을 맞이하는 과정이듯, 영화 제작도 희로애락의 인생 같은 과정을 거친다.

2011년부터 작업한 〈용의자〉는 처음에 〈유력한 용의자〉라는 가제의 시나리오에서 출발했다. 감독을 만나 연출부와 제작부를 구성하고, 주연배우를 캐스팅하는 중에 몇 번이고 제작이 무산될 위기에 처했다가 배우 공유 씨를 만나 장장 9개월간 3개국을 돌며 사계절 동안 촬영을 하고, 7개월간의 편집과정 끝에 완성하여, 12월 24일 크리스마스이브에 개봉했다.

이 과정에서 가장 중요했던 것은 나의 감정을 죽이는 일이었다. 프로듀서로 여러 작품을 경험했다고 해도 기능적으로만 일을 처리하지는 못한다. 사람이 하는 일이라서 감정이 생기고, 그러다 보면 불만도 표출되고 분쟁도 일어나기 마련이다. 그래서 중간에 일을 그만두는 경우도 종종 발생한다.

왜 나를 이렇게 미워할까, 왜 나를 음해할까, 왜 이렇게 짓밟히는 기분일까, 하루에도 수십 번 이런 생각이 들 때마다 어떻게 하면 이 위기와 압박감을 헤쳐 나갈 수 있을지 기도하는 마음으로 고민했다. 이유는 단순했다. 예산 부족이었다. 크리에이티브와 테크니션 들이 영상을 구현하기 위한 예산이 터무니없이 부족했다. 이 일을 끝으로 업계에서 퇴출당하겠구나 하고 자책한 적이 수없이 많다.

하지만 끝까지 손을 놓지 않았다. 물론 스태프는 나 때문에 고생했겠지만, 예산 시뮬레이션과 비용 절감에 대한 소통을 끊임없이 시도했다. 그러는 동안 뜻밖에 대안이 떠오르고, 직접 확인하고 소통하면서 시스템적인 누수를 상당 부분 극복할 수 있었다. 열악하고 척박한 한국영화 제작 환경에서는 책임자가 직접 나서는 것이 가장 빠르고 효율적인 방법이다.

인생의 첫 경험들은 설레지만, 한편으로 매우 아프기도 하다. 그처럼 영화 제작 과정에서 처음 겪는 상황들은 최강의 고통과 함께 최강의 카타르시스를 준다. 이런 경험을 몸으로 겪어 내는 것이 프로듀서의 일이다.

프로듀서 분야에도 다양한 고수들이 있다. 투철한 직업의식으로 똘똘 뭉쳐진 프로듀서는 유명 감독 못지않은 개런티를 받기도 하고 공동제작 파트너로 참여해 수익을 나누기도 한다. 이제는 합리적인 제작 시스템과 수익 분배를 기본적으로 생각하는 것이 프로듀서에게 주어진 시대의 요구임을 직시했으면 좋겠다.

02 감독

영화로 세상과 만난다

| 조성희 |

1979년생. 서울대학교 산업디자인과를 졸업하고 2008년 영화아카데미에 입학, 2009년 단편 〈남매의 집〉으로 미장센 단편영화제 대상을 받았다. 2012년 첫 상업영화 〈늑대소년〉은 7백만 관객을 동원했고, 2013년 제49회 백상예술대상 영화 부문 신인감독상을 수상했다. 2016년 〈탐정 홍길동: 사라진 마을〉을 연출했다.

누구나 인생에 암흑기 한번쯤 있지 않을까? 나는 대학교 때가 그랬다. 스무 살 무렵엔 여자와 말을 섞지도 못했다. 남자 중학교, 남자 고등학교를 다니는 내내 여학생을 접한 경험이 전혀 없었다. 여자 앞에서는 얼굴이 막 빨개졌고, 여자가 말만 걸어도 '나를 좋아하나?' 하는 생각이 들었다. 돌이켜 보면 비명을 지를 만한 이상한 기억이 많다.

그러다 보니 성격까지 폐쇄적으로 변했는데 선배들의 권유로 연극부 활동을 시작하고서는 공포증도 극복하고 여자들과 대화도 가능해졌다. 첫 작품을 준비하면서 사람들과 의견도 많이 나누고 연극도 보러 다녔다. 인원이 적어서 작가, 배우, 연출을 돌아가며 맡았던 경험이 나중에 크게 도움이 되었다.

영화를 해야겠다는 생각이 든 것은 서른 살쯤이었다. 중학교 때는 친구들이 농구, 축구를 할 때 땀 나는 것이 싫어서 운동도 하지 않고 혼자 앉아서 끼적끼적 무언가를 했다. 고등학교 때는 야한 소설 같은 것을 썼다. 좋아하는 친구들이 후속편을 재촉했다. 친구들이 원하는 대로 바로바로 써 주면서 글 쓰는 습관이 들었다. 야한 소설뿐만 아니라 공포 소설도 썼다. 괴물이 등장하는 단편소설, 외계인이 나오는 소설은 선생님도 재미있다고 하셨다.

그림도 많이 그렸다. 애니메이션을 만들겠다는 꿈이 있어서 대학 전공은 시각디자인을 선택했는데 막상 졸업을 앞두고는 어떤 진로를 선택할지 막막했다. 애니메이션? 뮤직비디오? CF? 어느새 졸업 전시도 끝나고 학교 실습실을 비워야 해서 컴퓨터를 들고 나왔는데 백수가 된 것이 실감이 났다. 자취방 월세를 낼 돈도 없어서 눈앞이 깜깜했다. 친구 집에 얹혀살면서 먹고살 방편으로 구멍가게 같은 CG 회사를 하나 차려서 작업을 받아 왔다. 그러다가 취직을 하고 회사를 다녔는데 어느 날 문득, 10년 동안 컴퓨터 앞에서만 일했다는 생각이 들었다. 밖에 나가서 일하고 싶었다.

캠코더 하나로 무작정 시작한 영화

친구들과 캠코더 하나 달랑 들고 밖으로 나가서 무작정 영화를 찍었다. 영화는 둘째 치고 햇볕을 받고 상큼한 바람을 맞는 것만으로도 너무 즐거웠다. CG 작업은 컴퓨터 앞에서 프레임을 붙이고 렌더링하는 과정이 정말 길다. 그런데 영화는 찍는 대로 동영상이 되었다. 무엇보다 영화에 대한 호기심이 정말 컸다. 회사를 그만두고 나서 단편영화를

:: 〈탐정 홍길동: 사라진 마을〉의 촬영 현장. 모니터를 보며 꼼꼼하게 체크하고 있다. 영화 현장을 진두지휘하는 것도 감독의 몫이다.

만들면 어떨까 고민하고 있을 때 동아리 후배인 친구에게 연락이 왔다. 자기 형이 학원도 아니고 학교도 아닌 영화아카데미라는 곳을 다니는데 영화 제작비 수백만 원을 준다고 했다.

영화아카데미에 당시 찍은 영화를 제출하고 들어간 것이 2008년, 서른 살이었다. 아마 그때 떨어졌으면 지금 영화를 못하고 있을 것이다. 솔직히 제출한 작품이 무척 이상해서 영화라고 할 수도 없었는데 운이 따랐다. 되돌아보면 영화아카데미에서 영화를 만들 때가 제일 재미있었다. 부담도 없었고, 망한다 해도 피해 보는 사람도 없었으며, 무엇보다 눈치 안 보고 하고 싶은 것을 할 수 있는 유일한 시간이었다.

모든 창작이 그렇겠지만 작품은 다른 사람들이 이해하지 못할 수 있는 순간들로부터 나온다. 어떤 강렬한 마음을 구현하고 싶은 순간들. 나 역시 첫 번째, 두 번째 작품 모두 사소한 것에서 충동을 느꼈다.

〈늑대소년〉은 어떤 영화의 OST로부터 왔다. 음악을 들으면서 너무 슬픈 느낌이 들었고 그 느낌을 영화로 만들고 싶었다. 영화아카데미에서 혼자 울면서 시놉시스를 썼다. 〈탐정 홍길동: 사라진 마을〉은 어떤 이미지에서 비롯했다. 페도라를 쓰고 코트를 입고서 안개가 자욱한, 젖은 밤거리를 혼자 외롭게 걷는 옛날 탐정. 50~60년대 영화에서 얻은 영감에 살을 하나씩 붙이면서 만들었다.

사실 나는 〈늑대소년〉이 흥행할 것이라 예상하지 못했다. 영화는 그런 의외성이 있다. 흥행한다고 확신해도 잘되지 않을 수 있고, 기대하지 않았는데 결과가 좋을 수도 있다. 오로지 예측 불가능한 관객들에게 달려 있다는 점이 재미있다. 영화가 개봉하면 곧장 전 국민에게 공개된다. 영화만큼 투명하고 냉정하게 평가받는 분야는 드물 것이다.

연출, 자신을 사람들에게 드러내는 뻔뻔함

대중예술을 할 때는 매 순간, 매 작품이 모험이고 용기가 많이 필요하다. 자신의 아이디어를 이야기했을 때 사람들이 보이는 반응을 받아들여야 한다. 무언가를 처음 시작할 때 돌아올 반응에 겁을 내지 않는 것도 일종의 재능이 아닐까 싶다.

자신의 영화가 극장에 걸려서 관객을 처음 만날 때, 무척 떨리고 하루하루 심장이 터질 것 같다. 모든 영화가 잘되면 좋겠지만 그런 경우는 드물다. 실패가 주는 부담은 크고 오래간다. 하지만 내가 그 영화를 만들었다고 밝히는 뻔뻔함이 필요하다. 자신의 작품을 사람들에게 계속 보여 주고 반응을 받아들이는 과정을 거치면서 연출자가 되는 것이다.

　연출을 하니 사람들이 내 생각을 궁금해한다. 예전에 회사에 다닐 때는 사람들이 클라이언트의 의견을 알고 싶어 했는데, 영화사에서는 나한테 물어본다. "이렇게 생각하는 거냐?", "네가 하고 싶은 게 이런 거냐?" 등등. 너무 많이 물어봐서 당황스러울 정도다. 내 생각이 그렇게 중요한가 싶은데 말이다. 이유는 간단하다. 감독이 무슨 생각을 하는지 알아야 영화가 만들어지기 때문이다. 아무 생각이 없을 때도 잦은데. 물론 반대인 경우도 있다. 정말 정교한 어떤 논리를 거쳐 아주 오랜 시간 고민 끝에 연출했는데 사람들이 관심 없을 때가 있다. 오히려 '이런 것도 있었나?' 싶은 부분에 대해 어떻게 된 것이냐고 물어보는 것이다.

　아마도 이것이 영화가 만들어지는 과정이 아닌가 싶다. 만드는 사람과 보는 사람의 생각을 좁혀 가면서 감성의 주파수를 조금씩 맞추는 것이다. 아마 그러다 보면 점점 적중률이 높아지지 않을까 싶다. 그러려면 일단 대화를 많이 나누는 수밖에 없다. 관객들이 좋아할 것이라고 확신하는 지점이 모두 다른데 어떤 것이 정답인지는 모른다. 모두 틀릴 수도 있으니 그럴 땐 결정권을 가진 연출자가 정신을 바짝 차리고 있어야 한다. 그래서 뜬구름 잡는 소리 같지만, 불교에서 말하는 '참나', '아트만' 같은 자아를 붙잡고 있으려고 노력한다.

　하지만 그러다가 자칫 흥미롭지 못한 결과물이 나올지 모른다는 점이 두렵다. 관객과의 간극이 넓은 영화일수록 관객이 흥미를 느끼고 다가가는데, 연출이 노련해지면 그 거리가 줄어들어 오히려 작품이 재미없어질 수 있다. 그래서 뻔한 이야기지만 항상 관객과 반 발짝만 떨어져서 아름다운 거리를 유지하는 것이 좋다.

극장에 걸리는 순간 모든 것이 감독의 책임

연출자가 영화를 만든다는 것은 둘 중 하나다. 내가 이야기를 시작하거나, 다른 사람이 나에게 이야기를 줄 때. 이 지점에서 어떻게든 마음이 맞으면 영화가 시작된다. 시나리오를 개발하면서 투자가 성사되고, 배우가 합류한다. 투자가 안 되다가 어떤 배우가 관심 있다고 해서 성사되는 경우도 있고, 투자가 되고 나서 배우를 확정할 수도 있고, 투자와 캐스팅이 모두 준비된 상태에서 연출자가 나중에 합류할 수도 있다.

어쨌거나 그렇게 판이 마련되면 본격적으로 프리프로덕션을 진행한다. 짧게는 3개월, 길게는 1년 이상 걸리는데, 이 단계가 정말 중요하다. 아무리 준비를 철저히 해도 현장에 가면 여기저기서 문제가 생기고, '이거 뭐였지?' 하며 기억을 떠올리지 못해서 난리가 난다. 또 배우와 이야기를 많이 나누고 대본도 읽고 수없이 연습해도 막상 현장에서 찍은 다음에 '이게 뭐야!' 할 수도 있다. 그러니 프리프로덕션 기간에 현장에서 약속한 대로 척척 찍어 내고 마칠 수 있게 신경 써야 한다.

요리에 비유하자면 프리 단계는 어떤 요리를 어떻게 만들지 정하는 것이고, 촬영은 장을 보는 것이다. 장을 보고 나면 요리를 해야 한다. 후반 작업이 바로 요리 단계다. 그래서 초반 못지않게 중요하다. 단순히 찍어 놓은 것을 이어 붙이고, 그 위에 음악을 까는 것이 아니다.

특히 편집 과정에서 시행착오가 많고, 한 끗 차이로 영화가 살기도 하고 죽기도 해서 마음을 놓을 수 없다. 나는 편집이 실제 촬영만큼이나 고되다고 생각한다. 땀을 흘리거나 추위에 떠는 육체노동은 아니지만 작업 강도는 만만치 않다. 스트레스도 많이 받고 정신적으로 힘들

:: 〈탐정 홍길동: 사라진 마을〉의 촬영장에서 디렉션하는 모습. 뒤쪽은 말순 역의 아역배우 김하나 양.

다. 특히 요즘 영화들은 후반 작업을 패키징의 의미보단 새로운 창조 단계로 인식하기 때문에 촬영만큼 공을 들여야 한다.

감독은 이 모든 일을 처음부터 끝까지 관장하는 힘든 직업이다. 특히 현장은 내 마음대로 되지 않아서 더욱 힘들다. 〈탐정 홍길동: 사라진 마을〉을 찍을 때는 이런 일도 있었다. 손이 찢어질 듯 추운 겨울밤, 비까지 뿌리는 가운데 촬영을 했다. 땅도 얼고 장비도 고장 나서 난리가 난 상황. 게다가 연기자는 아역. 옷은 얇고 바닥은 진창인데, 배우는 기침을 하고 아이 부모가 지켜보고 있다. 조감독은 시간이 부족하다고 하고, OK 컷은 안 나오고…. 정신이 나갈 것 같았다. 힘들고 무서웠다.

이런 과정을 관객들은 모른다. 그냥 영화가 별로면 "이 영화 왜 이래?" 할 뿐. 그렇다고 이 장면은 이렇게 찍었다고 자막 처리를 할 수도 없는 노릇이다. 현장에서 마음먹은 대로 찍지 못한 것을 극장에 거는데, 결과는 감독 책임이다. 물론 반대의 경우도 있다. 배우나 스태프가 근사한 장면을 만들어줘서 영화가 빛나면 그 공은 감독 몫이다. 특히 배우들이 재미없는 대사를 살려 줄 때 정말 고맙다. 현장에서의 의외성은 위험 요소이면서도 큰 매력으로 작용한다. 그렇게 살 떨리는 순간들이 영화 작업의 재미가 아닐까 싶다.

영화감독은 늘 외줄타기의 스릴을 느낀다

물론 재미만으로 이 일을 할 수는 없다. 먹고는 살아야 한다. 영화를 하려고 영화아카데미에 들어가면서 그동안 벌어 둔 돈을 생활비와 월세로 모두 까먹었다. 돈이 너무 없어서 고시원에서 살았는데 〈늑대소년〉 후반 작업을 할 때까지 있었으니 정말 오래 지냈다. 30대 초반의 아저씨가 밤마다 고시원에서 공짜로 주는 라면, 김치를 먹는 모습을 떠올려 보라. 정말이지 가끔은 눈물이 날 지경이었다. 지금은 그런 생활에서 벗어나서 감사하다.

하지만 이럴 때일수록 더 경계하게 된다. 모든 감독이 처음에는 영화를 만들고 싶은 마음, 내 영화를 걸고 싶은 마음에서 시작한다. 그러나 어느 순간 작품이 아니라 작품 외적인 것에 관심을 갖는 시기가 온다. 그러다 보면 재미있는 것을 하고 싶었던 그 마음이 없어질 수도 있다. 그 마음을 조금만 접을 때 돈을 더 벌어들일 기회가 분명히 있다. 그렇지만 이왕에 대중예술가의 길로 들어섰으니 연출자 자신에게도 값진 작품을 해야 하지 않나 싶다.

물론 영화는 많은 사람이 참여하고 돈이 많이 든다. 다른 어떤 예술 작품보다 훨씬 많은 돈, 그것도 다른 사람의 돈이 들어가기 때문에 책임을 져야 한다. 예술작품이면서 수익도 내야 한다는 점이 정말 매력적이다. 관객들이 재미있게 내 영화를 보고 극장을 나서는 것이 내 소원이다. 관객들에게 색다른 것을 보여 주면 금상첨화일 테고. 영화는 내가 세상과 만나는 소통의 통로이다.

한국영화 시장이 점점 확장되고 있다. 해외 진출도 늘어나서 연출의 기회도 많다. 예전에는 연출부 막내로 시작해 도제 시스템 안에서 올라가는 경우가 많았는데 최근에는 꼭 그렇지도 않다. 다양한 채널을 통해 감독이 될 수 있다. 영화학교도 있고, 단편영화제도 있고, 독립영화 지원사업도 있다. 낙타가 바늘구멍으로 들어가야 할 정도로 엄청나게 좁은 문은 아니니 도전해 볼 만하다.

영화감독이라는 직업을 갖게 되면 인생이 지루하지가 않다. 외줄타기를 하는 것처럼 매년 스릴을 느낄 수 있다. 가만히 앉아만 있을 수도 있지만 감독의 일은 찾아 나설수록 늘어나기 때문에 연출력이나 글솜씨보다 성실성이 더 필요하다. 이 세계는 밀실처럼 닫혀 있지도 않고 관료주의적이지도 않으며 무척 투명하다. 같이 일하는 사람들도 전부 크리에이터들이라서 보통의 직장생활과는 다르다. 거기에 따르는 위험요소도 있고 스트레스도 많다. 지금 활동하는 감독님들이 정말 하나같이 대단해 보인다. 정말 재미있어서 도전하고 싶다면 망설이지 마시라. 나도 꽤 늦은 나이에 시작했다. 나처럼 운 좋게 감독이 된 사람도 있으니 용기를 내시기 바란다.

(구술정리 : 최희숙)

03　　　　　　　　　　　　　　　　　　　　　　　　　촬영

모든 장면이 내 손 안에 있다

| 이성제 |

1973년생. 홍익대학교 시각디자인과, 한국예술종합학교 전문사과정 촬영전공을 졸업했다. 2008년 장편 상업영화 〈추격자〉를 촬영하고 제45회 대종상 영화제 촬영상을 받았다. 〈시크릿〉, 〈황해〉, 〈페이스 메이커〉, 〈용의자〉, 〈공조〉 등을 촬영했다.

"야, 너 참 끈질기다. 한번 만나 보기나 하자."

충무로에 처음 발을 내딛을 때 들은 말이다. 영화는 하고 싶은데 도대체 무엇부터 해야 할지 몰라 이 책을 읽는 사람도 있을 것이다. 나도 마찬가지였다. 어릴 때부터 사진촬영이 취미인 아버지의 어깨 너머로 카메라와 친해졌고, 남들보다 빨리 촬영에 익숙해지면서 영화에 대한 꿈을 키웠지만, 막상 영화계에 입성하는 방법을 전혀 몰랐다.

막연히 미대에 진학했다. 영상 수업 같은 것도 별로 없어 갈증을 느끼다가 영화 좋아하는 선배들이 만든 동아리에 들어갔다. 동아리 막내여서 촬영할 때 행인을 통제하는 일이나 하다가 군대를 다녀오니 그만 동아리가 없어져 버렸다. 그래서 동아리를 새로 만들었다. 1996년, 1997년에 단편영화를 열심히 찍으면서 영화에 대한 욕망이 더욱 불타올랐다. 단편을 찍으면서 사람들을 많이 만났다. 그중 한 분이 김영철 촬영감독님이다. 영화계에 입성하고 싶은 간절한 마음에 연락을 드렸다.

"감독님 팀에서 일하고 싶습니다." 하지만 이미 자리가 꽉 차 사람을 더 뽑을 수 없다는 대답뿐이었다. 그쯤에서 포기했다면 지금 이 자리에 없었을 것이다. 얼마나 절실했는지 다른 일을 하면서도 한 달에 두 번씩 6개월 넘게 꾸준히 안부 인사를 드렸다. 계속 전화에 시달리기 싫어서였을까? 7개월째에 드디어 감독님에게서 같이 일하자는 연락을 받았다. 촬영감독이 되는 길이 그렇게 열렸다.

촬영감독 아빠로 살아가기

촬영감독 대부분이 아마 나처럼 도제 시스템 안에서 차근차근 올라왔을 것이다. 저마다 다르긴 한데 나는 승진이 빠른 편이었다. 물론 유학을 다녀와서 바로 촬영감독이 되는 분도 있고 독립영화가 주목받아 감독이 되기도 한다. 〈파수꾼〉의 변봉선 감독이 그런 경우다. 나와 함께 일할 때 세컨드까지 하다가 공부를 하려고 아카데미에 들어갔는데 그때 찍은 영화로 촬영감독에 자리매김했다. 이러나저러나 공통점이 하나 있다. 바로 주목받을 만한 영화 한 편은 찍었다는 점이다.

내게는 〈추격자〉가 그런 영화다. 인생 첫 상업영화였는데 운이 좋았다. 지금 생각해 봐도 신기하다. 모두 신인인 사람들이 모여서 만든 영화다. 당시 하정우 배우는 신인이었고 김윤석 배우도 〈타짜〉로 이름을 알렸지만 주연급은 아니었다. 나홍진 감독 역시 데뷔작이었는데 처음에 제작사에서 나를 안 쓰려고 했다고 한다. 아무래도 신인 감독보다 경력이 있는 촬영감독을 쓰려고 했을 것이다. 그런데 고맙게도 나 감독이 직접 회사에 부탁했다. "꼭 성제 형이랑 찍고 싶습니다." 회사로서는 신인 같은 사람들을 모아 모험을 한 셈이었는데 결과가 좋았다.

〈추격자〉가 특별한 이유는 또 있다. 2005년에 6년간의 조수생활을 마치고 팀을 나왔는데 돌아보니 내 이름으로 찍은 영화가 하나도 없었다. 결혼을 하고 아이가 있었는데 아이가 2008년이면 초등학교에 들어가야 했다. 입학하면 선생님이 아빠 직업을 물어볼 것이 분명했다. 물론 촬영감독이라고 하겠지만, 아이를 위해 누구나 제목만 들으면 알 만한 작품을 찍고 싶었다.

그래서 재수까지 해 가며 영상원에 들어갔다. 그동안 아내가 직장생활을 하며 정말 고생을 많이 했다. 영상원에서부터 운이 좋았던 것이, 동기들의 열기가 엄청 뜨거웠다. 입학 전부터 모여서 시나리오를 쓸 정도로 극성이었다. 덕분에 학기가 끝나기 전에 필름을 과제로 제출했는데 영상원이 생긴 이래 제출 기한을 지킨 최초의 기수였다. 나홍진 감독은 바로 영상원에서 만난 사이다. 나 감독과 함께 단편 〈완벽한 도미 요리〉를 찍었다. 나 감독은 시나리오를 쓴다고 두문불출하더니 어느 날 연락이 왔다. "이런 걸 썼는데 좀 봐 줘라." 그 시나리오가 〈추격자〉였다. 이처럼 아이를 위해 내린 결정이 큰 기회로 돌아왔다.

하지만 아이에게 아빠 노릇을 잘한 것 같지는 않다. 아들을 위해 영화를 찍으면서도 정작 초등학교에 들어간 아이와 함께 보낸 시간은 거의 없었다. 그래서 항상 미안하다. 오죽하면 촬영현장을 구경하고 싶다는 소리 한 번 안 하던 아들이 〈응답하라 1988〉 촬영장에 가고 싶다는 말을 꺼냈을 때 냉큼 데려갔을까. 그렇게나마 미안한 마음을 풀고 싶었다. 나뿐만 아니라 영화인이면 모두 그렇겠지만 일을 하면서 가장

:: 엑스트라들과 군중 장면을 찍고 있다. 촬영은 밤낮을 가리지 않고 원하는 장면을 얻을 때까지 찍고 또 찍는 작업의 연속이다.

힘든 점은 가족과 보내는 시간이 많지 않다는 것이다. 촬영이 없는 날에는 온종일 집에 있을 때도 있지만, 영화를 찍는 기간에는 몇 달 동안 집에 못 들어가기도 한다.

촬영 환경이 개선되면 조금 달라질까? 전혀 아니다. 예전에 푸에르토리코에서 며칠 동안 영화를 찍은 적이 있다. 그때 만난 미국인 PD가 말했다. "영화인은 결혼하면 안 된다." 그 사람은 이혼을 했는데 영화를 하다 보니 가족을 지키기가 쉽지 않았다고 했다. 미국처럼 영화 제작 환경이 좋은 곳에서도 개인 시간이 적기는 마찬가지였다. 영화 일을 하면서 정상적인 삶을 사는 것이 쉽지 않다. 영화 하는 사람들 모두 크리에이터여서 예민하다. 아무리 힘들어도 주위 사람들에게 상처를 주지 않도록 노력해야 한다.

촬영감독은 촬영만 잘하는 사람이 아니다

이처럼 힘든 점이 많지만 여전히 이 일을 하는 이유는 매번 새롭기 때문이다. 예전처럼 피가 끓는다는 이야기가 아니라 늘 긴장하게 된다는 말이다. 매일매일 어떤 변수가 있을지 모른다.

또 촬영을 하다 보면 남들이 평생 가 보지 못할 장소나 누구나 가고 싶어 하는 유명한 곳을 많이 간다. 모든 장소가 기억에 남는다. 때로는 내가 촬영한 장소가 사라지기도 하는데 가령 달동네가 그렇다. 재개발로 언제 사라질지 모르기에 그런 장소에서는 인간미 넘치고 아름다운 영상을 찍으려고 특히 노력한다. 나중에 다시 찾아가 보면 그때 그 장소, 함께했던 사람들이 모두 떠오른다.

내가 직접 물색한 촬영 장소는 더욱 남다르다. 직업병인지는 몰라도 평소에 길을 다니면서도 장소를 관찰한다. 굴곡이 남달라 예쁜 길을 보면 눈이 오래 머물고, 석양이 아름다우면 영화에 써먹을 생각부터 든다. 여행을 다닐 때면 더욱 그렇다. 그러면서 촬영의 재미를 더해 간다.

촬영에 도움이 되는 것은 장소만이 아니다. 나는 평소에 음악을 많이 듣는다. 어떤 장면은 음악을 먼저 떠올려야 촬영 기법이 생각날 때가 있다. 음악감독한테 미리 음악을 받는 것은 아니고 혼자 상상한다.

촬영은 현장의 중심이므로 감독은 물론 배우, 스태프 막내까지 모두와 잘 소통해야 한다. 그러다 보니 계속 긴장을 해야 한다. 특히 배우와의 관계가 중요하다. 브래드 피트는 촬영 현장에서 감독이 아니라 촬영감독을 가장 먼저 찾는다고 한다. 그가 아카데미 시상식에서 촬영감독상 사회를 보며 한 말이다. 실제로 현장에서 보면 촬영감독에게 본인의 내밀한 이야기까지 하는 배우들이 있다. 요즘 피부가 어디가 안 좋다느니, 자기는 오른쪽 얼굴이 더 예쁘다느니 하는. 단점이 드러나지 않게 배우의 얼굴을 감쪽같이 화면에 담아내는 것도 촬영감독의 몫이다.

촬영감독을 그저 촬영을 잘하는 사람이라고 오해하기도 한다. 하지만 요즘 촬영감독은 카메라조차 잡지 않는다. 카메라를 잡는 것은 카메라 오퍼레이터라고 불리는 사람이고, 촬영감독은 감독과 함께 모니터 옆에 앉아 화면이 어떻게 나오는지 확인한다. 외국에는 촬영팀에 개퍼(gaffer)라고 불리는 조명 담당이 따로 있는데, 우리나라나 일본에서는 아직 촬영과 조명이 명확히 구분되어 있지 않다. 그래서 조명팀과 함께 움직일 때가 많다. 영화가 촬영에 들어가기 전부터 말이다.

영화에 어울리는 공간 만들기

촬영 전에 제일 먼저 하는 것은 시나리오를 읽고 전체 윤곽을 잡는 일이다. 대개 영화 프리 단계 초기부터 촬영감독이 참여한다. 연출자와 함께 큰 그림을 그리면서 화면 안에 들어갈 요소들을 다른 팀과 상의한다. 아무래도 화면 안의 모든 상황을 고려하자면 촬영팀 단독으로는 할 수 없다. 미술팀, 특수효과팀, CG팀 등 여러 팀과 협업하면서 촬영 계획을 세운다. 특히 조명감독과는 한 몸처럼 붙어 다닌다. 촬영 예정지를 함께 방문하여 조명 계획도 세우고 그 공간을 영화에 어울리는 곳으로 바꾸기 위해 고민을 많이 나눈다.

연출자들은 이런 이야기를 한다. 영화 제작을 위해 장소를 정하고

:: 산과 들, 바다 등 최고의 장면을 얻기 위해 카메라가 닿는 모든 곳이 일터이다.

배우를 구하다 보면, 그 과정에서 처음 글과 현실이 야금야금 벌어져서 고민이라고. 촬영도 마찬가지다. 아무리 머릿속에 대략적인 윤곽을 그려 두어도 이를 구체화하는 과정에서 조금씩 차이가 생길 수밖에 없다. 그 차이를 줄이는 과정에서 에너지 소모가 많다. 그래도 호흡이 잘 맞는 감독을 만나면 일이 좀 편해진다. 내게는 나홍진 감독이 그렇다. 촬영 때 한 컷마다 "이게 다음 컷과 어울릴까?" "사이즈는 정확해?" 같은 의견을 물으면 서로 생각이 거의 일치한다. 미적 감각이나 코드가 잘 맞는 것이다. 이렇게 의견 차이를 줄이는 것이 가장 우선이기 때문에 프로덕션보다도 프리 단계에서 신경 써야 할 일이 더 많다. 프리 때 계획을 잘 세우면 본 촬영이 쉬워진다.

    촬영을 마쳐도 아직 할 일이 남아 있다. 촬영본을 가지고 편집실에 가서 진짜 영화로 만드는 작업을 해야 하는데 편집 과정에서는 색 보정에 집중한다. 배우가 혈색이 좋아 보여야 하는데 누렇게 떠 보인다거나 하면 안 된다. 〈추격자〉의 편집에서는 밤에 찍은 장면이 많아서 밝기 조정을 많이 했다. 어두운 장면이 많으면 관객들이 피곤함을 느낄 터라서 같은 밤이더라도 더 밝거나 어둡게 보이는 리듬을 줬다. 요즘에는 기술이 정말 발전해서 부분적인 수정까지 가능하다. 그렇게 한 달 반 정도 전체적으로 화면을 손보고 나서야 영화가 완성된다.

촬영은 최고의 직업이 아니라 최고의 취미

영화나 사진에 관심이 있다면 촬영 일을 시작하기가 어렵지 않다. 다만 촬영감독 자리까지 오르는 것은 쉽지 않다. 운이 좋거나 실력이 있어야 한다. 요즘에는 애당초 촬영감독을 목표로 삼지 않고 퍼스트로 일하려는 사람도 많다. 촬영감독이 되면 책임질 일도 많고 물러설 곳이 없다는 부담도 있어서다.

촬영팀에서는 사람을 항상 구한다. 영화 일을 하려는 사람 중에는 자유로운 영혼이 워낙 많아서 자리가 비는 경우가 있다. 우리 팀도 막내나 서드를 자주 구한다. 지인을 통해서 사람을 소개받는 방법이 서로 일하기에 가장 무난하다. 소개받을 사람이 없을 때만 필름메이커스(www.filmmakers.co.kr)에 글을 올린다. 촬영을 전혀 모르는 사람을 처음부터 가르쳐 가며 일을 할 수는 없어서 가급적이면 영화과를 나온 사람이나 경력자를 선호한다.

촬영감독은 직업으로서 전망이 어떨까. 요즘은 인공지능(AI)이 바둑만 두는 것이 아니라 시도 쓰고 음악도 만든다고 한다. BBC에서 각 직업이 AI로 대체될 가능성을 소개하기도 했는데 촬영 분야는 50퍼센트로 나왔다. AI에 밀릴 수도, 밀리지 않을 수도 있다는 말이다. 현직에 있는 나로서는 AI한테 밀리고 싶지는 않다.

어느 직업이나 마찬가지지만 일을 잘하고 오랫동안 즐겁게 하려면 직업이 아니라 취미가 되어야 한다. 촬영감독은 특히 일을 최고의 취미로 여기는 사람들이 하기에 좋은 직업이다. 나는 직업적 부담감보다 스스로 성취감을 얻으려는 마음으로 오늘도 촬영에 임한다.

(구술정리 : 최희숙)

04 조명

명암이 빚어내는
분위기를 사랑해

| 김경석 |

방송국 교양 프로 조명으로 시작해 영화계로 옮겼다. 〈최종병기 활〉, 〈끝까지 간다〉, 〈명량〉, 〈제보자〉, 〈히말라야〉, 〈터널〉 등을 담당했다. 〈끝까지 간다〉로 제51회 대종상영화제 조명상을, 〈제보자〉로 제35회 황금촬영상 조명상을 받았다.

예전에는 영화 현장에서 정말 잠을 못 잤다. 꼴딱 밤을 새울 때가 잦았다. 조수 노릇을 할 때는 63시간 이상 못 잔 적도 있다. 믿거나 말거나 수준이다. 슛 들어가면 서서 졸다가 컷 하면 깨는, 정말 잠 같지도 않은 잠을 잤다. 너무 못 자다 보니 내가 이 일을 도대체 왜 하는지 모르겠다는 생각마저 들었다. 잠도 못 자고, 힘들고, 돈도 적고, 거기다가 혼나기까지 하니 정말 서러웠다.

그런데도 이 일을 그만두지 못했다. 라이트를 만지는 것이 정말 재미있고 행복해서다. 조명이라고 하면 사람들은 그냥 불만 켜면 되는 일로 안다. 아니다. 라이트를 켜고, 스탠드에서 적당한 위치에 두고, 원하는 곳에 빛을 줄 수 있어야 한다. 단순해 보이는가. 그러면 이렇게 설명해 보자. 빛을 부드럽게 만들고, 빛을 끊어 주고, 빛을 제어한다. 그 느낌이 너무 좋았다. 그러니 졸려서 울고 싶다가도 "와서 이거 좀 만져." 하는 한마디면 정신이 났다. 예전에는 조명감독이 조수들을 '야', '막내' 하고 불렀는데 내가 일을 배운 감독님은 이름도 불러 주고 배울 것도 많았으니 그것만으로도 좋았다.

아무도 가르쳐 줄 수 없는 센스가 필요하다

정말이지 아무것도 모르는 채 조명 일을 시작했다. 물론 영화는 어렸을 때부터 좋아했다. 초등학교 때 학교가 끝나면 낮에 비디오를 한 편씩 빌려다 봤다. 그러다가 고등학교에 진학해서 친구들과 〈비트〉라는 영화를 보러 갔다. 유호성과 정우성이 포장마차에서 대화하는 장면을 보다가 '어, 이거 뭐지? 정말 멋있다.' 하는 느낌이 들었다. 조명 때문이었다. 어찌나 강렬했는지 조명 담당이 누구인지 궁금해서 엔딩 크레디트까지 확인했다. 고등학교를 졸업하고서 방송사의 조명 일을 시작했다. 교양 프로를 하다가 〈네 멋대로 해라〉라는 드라마를 처음이자 마지막으로 한 편 하고 영화 쪽으로 왔다.

방송에서는 세컨드까지 했는데 영화 쪽은 처음이라서 다시 막내로 시작했다. 〈조폭 마누라〉, 〈인정사정 볼 것 없다〉 등의 조명을 맡은 김일준 감독님 팀이었다. 감독님이 작업하시는 의도와 방법을 차근차근 배우며 경력을 쌓았다.

조명은 장비가 무거워서 팀으로 움직인다. 먼저 제1조수인 퍼스트가 있는데 거의 조명기사급이다. 경력이 10년 이상 되고 빛을 스스로 계획할 수 있는 수준이다. 조명감독인 내가 모니터 옆에 앉아 연출자와

:: 끊임없이 연구하고 노력해서 하나의 빛줄기를 얻는다.

의견을 맞추면 퍼스트가 카메라 옆에서 현장 분위기나 라이트 세팅 등을 무전기로 전달한다.

세컨드는 퍼스트의 지시에 따라 인물 주위에 있는 제일 중요한 라이트(키 라이트)를 세팅한다. 서드는 배경이 되는 라이트(백 라이트)를 담당하고, 그 아래 4조수들은 지시받은 일을 한다. 도제 시스템이라서 수습생으로 처음 들어온 친구들은 세컨드나 서드가 가르친다. 예전에는 4조수들을 이름으로 안 부르고 '막내'라고 했는데(요즘은 물론 이름으로 부른다) 우리 조명감독님은 처음부터 이름으로 불렀다. 보통 대여섯 작품 정도 경험해야 서드가 될 기회가 주어지는데 개인의 역량에 따라 다르다.

아무도 가르쳐 줄 수 없는 타고난 센스가 중요하다. 센스가 없는 사람은 발전할 수 없다. 끈끈한 관계로 일하는 팀 분위기라서 실력이 못 미쳐도 바로 내치지는 않지만 나이가 많은 조수는 감독님과 상담을 한다. 그만큼 적성이 중요한 일이다.

도제 시스템에서는 기본기만 배우고 이후로 단편이나 독립영화를 하면서 자기 색깔을 만들어야 한다. 그래서 기본기를 배울 때가 가장 중요하다. 기본기를 제대로 알아야 응용을 할 수 있으니까. 경험을 쌓으면서 점점 감독으로서 자신만의 스타일이 생긴다. 조명감독이 되는 데는 보통 8~10년이 걸린다. 체력이 중요한 일이라서 젊을 때, 대략 서른 전에는 시작해야 한다.

커튼 사이 빛줄기에도 조명을 생각한다

도제 시스템을 마치고 상업영화로 들어가기 전까지 줄곧 독립영화를 했다. 학교 작품으로 단편영화를 하나 하면 다른 작품으로 인연이 이어졌다. 일을 배우는 과정이라서 돈을 받지는 못하고 밥이나 술을 얻어먹었다. 당시 작업한 작품 중에 조성희 감독님의 〈짐승의 끝〉도 있다. 조수 경력이 부족해서 상업영화로 진출하기는 어려웠다. 먹고살기 위해 방송, 광고 쪽 조명 일도 했다. 처음에는 돈이 목적이었지만 마찬가지로 빛을 다루는 일이다 보니 영화에 접목할 것도 많았다.

조명을 좋아해서 길을 걷다가, 술자리에서, 일상에서도 내내 빛을 생각했다. 지금도 여전히 그렇다. 항상 라이트를 끼고 사니까 집에는 암막 커튼을 쳤는데도 어느새 커튼 사이로 들어오는 빛줄기를 관찰하면서 언젠가 한번 써먹을 궁리를 하는 것이다.

어쨌거나 단편영화와 방송 등 일은 끊이지 않았고 점점 내 라이트 스타일을 찾아갔다. 그러던 중 단편영화를 찍다가 만난 분이 〈최종병기 활〉의 B캠을 맡았는데 크랭크인 한 달 전에 갑자기 조명기사 자리가 비었다며 연락이 왔다. 피디님을 만났더니 어떻게 할 거냐고 묻기에 냉큼 대답했다. "시켜만 주시면 목숨 걸고 하겠습니다."

그렇게 김한민 감독님의 〈최종병기 활〉로 서른네 살에 조명감독이 되었다. 그때 우리 팀원으로 힘든 시절을 함께 보낸 다섯 명이 나를 믿고 밀어줬다. 덕분에 입봉작으로 손색이 없다는 평가를 받았다.

빛을 움직이거나 만들어 내기도 한다

그 뒤로 조명감독으로 여러 작품을 했다. 〈명량〉을 촬영하며 겪은 일이다. 배가 움직이는 느낌이 나야 하는데 현장에서 움직일 수 있는 것은 배우와 빛 밖에 없었다. 카메라를 아무리 움직여도 배가 파도를 타면서 가고 있다는 느낌이 나지 않았다. 그래서 빛을 움직이기로 했다. 15미터 정도 되는 큰 배에 긴 막대를 설치하고 그 위에 라이트들을 밧줄로 일일이 묶었다. 거기에 도르래 두 개를 달아 움직일 수 있게 만든 다음, 밧줄을 당겼다 놓기를 반복했다. 기다란 라이트가 좌우로 움직여서 배 천장 틈 사이로 빛줄기가 들어갔다 안 들어갔다 하니까 마치 배가 움직이는 것처럼 보였다. 세 시간 동안 매달려 세팅한 결과물이었다. 우리나라에서 빛으로 움직임을 만들어 낸 것은 내가 처음이 아닐까 한다.

〈터널〉 촬영 때는 이런 일도 있었다. 터널이 무너져서 하정우가 자동

:: 조명 세팅 후 팀원들과 소통하는 모습. 사고도 대비해야 해서 현장에서 언제나 긴장감을 놓을 수 없다.

차에 갇힌다. 실내등과 손전등에 의지해 하루하루 버티는 내용인데 손전등 불빛이 직사광선이어서 불빛 뒤에 있는 배우가 안 보였다. 온통 깜깜해야 하는 설정에서 배우는 보여야 하는 상황. 좁은 자동차 실내에서 조명을 쓰면 분명 티가 날 테고. 궁리를 거듭하다가 손전등 끝에 아크릴을 붙여 빛을 분산시켰더니 어둠 속에서 배우가 보였다. 이 아이디어가 없었더라면 관객들은 배우의 생생한 연기를 보지 못했을 것이다.

이처럼 영화의 모든 빛에 조명이 관여한다. 카메라는 빛이 있어야 영상을 담는다. 조명은 그 강약 조절을 하는 일이다. 조명감독은 시나리오를 보고 영화를 결정한 다음 프리 단계에서 감독, 촬영감독과 함께 회의를 한다. 무엇보다 시나리오와 장소 헌팅이 중요하다. 전체 예산에 맞춰 감독, 촬영감독, 미술감독, 조명감독 넷이서 시나리오를 보고 영화의 전반적인 톤을 잡는다.

장소에 맞는 라이트 세팅 플랜을 짜고 그 느낌을 바탕으로 시나리오와 실제 현장의 차이를 줄여 나간다. 기성 조명기기로 원하는 포인트에 빛을 주기 어려울 때도 있다. 그러면 직접 제작한다. 변수는 늘 생기기 마련이므로 영화를 만들기 전부터 고려해야 할 것이 많다.

한마디로 공간에 맞는 풀세팅이 조명감독의 몫이다. 공간 안에서 명암을 만들어야 한다. 일상생활에서는 못 느끼지만 화면에서는 관객들이 빛을 통해 어두움도 느낀다. 어둡기만 하면 어두움을 느낄 수 없다. 가장 좋은 그림은 밝음과 어둠이 공존하는 분위기에서 나온다.

앞서 말했듯이 조명에는 변수가 무척 많다. 바람, 비 같은 자연은 물론 불법주차, 배우 동선 등은 예측도 할 수 없다. 그래서 계획이 틀어져도 웃으면서 해결할 수 있으려면 경험이 좀 쌓여야 한다. 일이 자꾸 꼬이면 서로 기분만 상하고 힘들다. 어차피 화면에 나오는 것은 배우다. 조명에서 제일 중요한 점은 배우의 연기에 제약을 주지 않는 것이다. 배우가 어디에 있든지 그 장소에 녹아들 수 있게 편안한 분위기를 만들어 주어야 한다.

일하면서 나름의 데이터가 쌓이고 이를 팀원들과 자주 이야기한다. 그러면서 현장에서 시행착오가 많이 줄어들었다. 변수를 해결하는 것도 중요하지만 역시 조명은 계획을 철저히 짜는 것이 우선이다.

다른 분야보다 경험이 훨씬 중요하다

최근에 표준계약이 생긴 후 계획은 더 중요해졌다. 핵심은 12시간 작업시간을 지키는 것이다. 조명 작업은 시간이 오래 걸린다. 처음에 계획을 잘못 세워서 촬영 전날 세팅을 못하거나 동선과 분위기에 맞지 않는 라이트를 세팅하면 시간이 무한대로 늘어날 수도 있다. 현장에서 조명기를 여기 켜 봤다 저기 켜 봤다 할 수 없는 노릇이다. 그러니 다른 분야보다 훨씬 경험이 중요하다.

작업시간보다 중요한 것이 안전이다. 욕심을 부려서 라이트를 세팅하면 그림이야 잘 나오겠지만 사고가 날 수도 있다. 건물 위에 세팅하거나, 굴착기로 조명을 띄우거나, 무리하게 무거운 라이트들을 세팅하다 보면 인명 사고의 위험이 따른다. 그래서 처음에 세팅할 때 안전한지를 반드시 확인한다. 위험 요소가 있으면 바로 다른 방법을 찾는다. 다행히 나는 아직까지 라이트 세팅 사고가 없었다. 일을 배울 때 조명감독님이 누누이 강조했기 때문이다.

조명은 어려울 때는 한도 끝도 없는데 어느 순간 쉬워지는 시기가 온다. 그 기간까지 조금만 참으면 된다. 요즘은 퍼스트가 면접을 봐서 공개채용을 한다. 어차피 조명을 가르치는 학교가 많지 않고 영화과에서 촬영을 전공해도 다시 배워야 하므로, 고등학교를 졸업하고 바로 시작해도 되고 대학교 1학년 때 경험을 하는 것도 괜찮다.

한마디로 조명감독이 되려면 도제 시스템으로 배워야 한다. 가장 중요한 것은 성실함이다. 이력서를 본 후 통화를 해서 열정을 확인하다. 면접에서 두세 시간 이야기를 나눠 보면 팀에 맞는 사람인지 거의 드러난다. 조명은 혼자 하는 일이 아니다. 그래서 성격이 밝고 스트레스에 강한 사람이 적합하다. 조명감독이 되긴 어려워도 되고 나면 인정을 받는다. 예전에는 쉰 살, 예순 살 정도 되면 은퇴했는데 12시간제가 지켜지고 작업환경이 달라졌으니 어쩌면 여든 살에도 계속 일하고 있을지 모르겠다.

(구술정리: 최희숙)

05 　　　　　　　　　　　　　　　　　　　　　　　　　미술

공간에 이야기와
감정을 담는다

| 조화성 |

화성공작소 대표. 〈초록물고기〉 미술팀 조수로 시작해 〈할렐루야〉로 미술감독이 되었다. 〈친절한 금자씨〉, 〈신세계〉, 〈내부자들〉, 〈밀정〉, 〈덕혜옹주〉, 〈가려진 시간〉, 〈택시운전사〉 등을 담당했다. 〈좋은 놈, 나쁜 놈, 이상한 놈〉으로 대종상 미술상을, 〈그림자 살인〉으로 청룡영화상 미술상을 받았다.

무성영화 시절부터 영화는 극히 시각적인 매체였다. 사각 프레임 속에서 보이는 것들에 대한 동경 또는 흥미가 영화라는 매체의 출발점이었다. 프로덕션 디자인은 영화의 시각적인 것을 모두 다룬다. 예전에 영화미술로 부르던 것이 최근 프로덕션 디자인이라는 단어와 함께 사용된다.

　프로덕션 디자인은 흔히 시각적인 것만 다루는 일로 생각하기 쉽지만 그렇지 않다. 눈으로 보고 마음으로 느끼는 시각적 경험을 선사하는 것이 프로덕션 디자이너가 추구해야 할 덕목이다. 시나리오의 인물과 공간이 영화 스크린 위에 구현되는 짜릿한 순간에 관객이 영화 속 세계로 몰입하도록 돕는 것이 프로덕션 디자인이다.

　영화에는 기본적으로 큰 드라마가 있고, 그 안에 시각적 구성 요소

로 인물과 공간이 있다. 인물의 시각적 요소는 의상팀과 분장팀이 담당하고, 공간의 시각적 요소는 미술팀이 맡는다. 공간은 누군가의 집, 누군가가 서 있는 곳, 인물들이 만나는 곳 등 시나리오에 등장하는 모든 장소가 해당한다.

그저 단순한 평면적 공간이어서는 안 된다. 공간에 이야기와 감정을 담아야 한다. 배우의 히스토리나 사건의 의미를 담기도 하고, 공간 자체로 영화의 특성을 드러내기도 한다. 이러한 고민에서 영화미술, 영화 프로덕션 디자인이 시작된다.

시나리오를 토대로 연구에 연구를 거듭한다

영화 속 공간의 기본 틀은 시나리오에서 찾아야 한다. 시나리오에 등장하는 공간을 정리하고, 스토리와 감성적인 부분을 기초로 전체적인 콘셉트를 정한다. 영화 속 공간은 기본적으로 등장인물의 시간을 디자인한 것이다. 인물의 삶을 나타내고, 인물의 취향을 보여 주고, 인물을 둘러싼 상황이나 시대 분위기를 반영한다.

영화 속 프레임에 담긴 시각적 요소는 모두 '그것이 그 자리에 있어야 할 이유'가 있어야 한다. 그냥 존재하는 것은 없다. 설령 관객이 눈치채지 못하더라도. 눈치채지 못했다면 오히려 공간에 자연스럽게 녹아들었다 하겠다. 이와 반대로 일부러 이질적이거나 과장된 것을 넣을 수도 있다. 영화의 메시지나 인물의 내면을 드러내는 장치로서 말이다.

〈친절한 금자씨〉는 내 영화 인생에서 중요한 출발점이 된 작품이다. 미술 공부하듯이 스스로 몰두해서 작업했다. 영화는 비현실적으로 화

:: 〈대호〉에서 화재 장면을 촬영하고 있다. 영화미술은 영화의 모든 장면 속 시각적 요소를 관장해야 한다. 통제하기 어려운 실외 장면에서 미술감독의 손길은 더욱 바빠진다.

려한 데다 인물들의 극단적인 심리가 부딪혀서, 그 느낌을 표현할 수 있는 시각적 요소가 담긴 공간을 디자인해야 했다. 영화에 등장하는 방 하나만 가지고도 몇 시간을 이야기할 수 있을 정도로 연구에 연구를 거듭하며 작업했다.

예를 들면 벽돌이 건물 외부뿐만 아니라 내부에도 많이 등장한다. 시나리오에서 붉은색은 피의 복수, 혹은 남자를 상대로 싸워야 하는 여자의 도발을 표현하는 코드였는데, 나는 성경의 바벨탑 이미지까지 나아갔다. 바벨탑은 벽돌을 쌓아서 신이 있는 곳까지 올라가려고 했던 인간의 욕망, 신의 대척점에 서려 했던 인간을 상징하는데, 그 이미지가 금자 씨와 맥락이 닿는다고 생각했다.

박찬욱 감독님에게 이야기했더니 감독님은 그 코드가 금자 씨의 일상에서도 전체적으로 깔리면 좋을 것 같다고 하셨다. 그래서 금자 씨의 아파트 벽은 붉은 벽돌로 만들었고, 금자 씨가 가는 빵집은 목공소에서 잘라 온 나무토막을 쌓아서 벽돌 느낌을 냈다. 영화 마지막 부분에 등장하는 폐교에도 교실 뒤쪽 벽의 반쯤 뜯어진 칠판 안쪽으로 회색 벽돌이 드러나게 만들었다. 금자 씨의 개인 공간은 붉은 벽돌로, 빵집은 금자 씨의 따뜻한 마음을 보여 주니까 나무 소재로, 폐교는 신이나 법의 심판이 아니라 개인의 심판이니까 아주 자연스럽게 회색 벽돌로 색을 맞춘 것이다.

장면 하나에 수많은 사람들이 움직인다

프리프로덕션 단계부터 영화의 시각적인 콘셉트를 기획하고 의논한다. 공간 디자인뿐만 아니라 배우의 의상과 분장 콘셉트도 함께 논의한다. 각 파트의 전문가들이 스토리의 시각적 느낌과 효과를 두고 서로 의견을 조율하면서 디자인을 한다. 중요한 점은 시각적 요소가 얼마나 훌륭한가보다는 감독의 연출의도에 맞는 시각적 효과인가 하는 것이다.

영화의 장르에 따라 목표가 달라진다. 지극히 자연스러운 시각화가 중요할 수도 있고, 유화 작품처럼 화려한 세팅이 중요할 수도 있고, 미래의 가상공간처럼 창의성이 중요할 수도 있다. 그렇기에 영화의 장르와 감성에 맞는 표현의 적정선이 영화마다 다르다는 전제하에 최선의 결과를 뽑아내는 것이 중요하다.

공간 디자인은 크게 세트와 로케이션으로 나뉜다. 그리고 공간을 채울 대도구(가구)와 소도구(소품), 그리고 조명 세팅 등을 디자인해야 한다. 세트 디자인은 무에서 유를 창조하는 어려움이 있지만, 반대로 모든 것을 컨트롤할 수 있다는 장점도 있다.

세트 디자인에는 스케치와 3D 작업도 필요하고, 목수나 세트 제작 스태프와의 소통도 중요하다. 우리가 건넨 설계도가 기본이지만 오랜 경험을 가진 목수들이 만들면서 디자인이 바뀌기도 한다. 공간을 채우는 가구나 소품도 구입, 대여, 제작 등 어떻게 구할지 일일이 판단해야 한다.

조명의 중요성을 빼놓을 수 없다. 낮과 밤을 구분하거나 장면의 분위기를 만드는 설치 조명 외에도 요즘엔 '크리티컬 라이트'라고 해서 공간에 존재하는 빛의 위치가 설명되어야 한다. 조명 없는 천장이 화면에 보이는데 위에서 빛이 내려오면 안 된다는 얘기다. 촬영팀이나 조명팀과 끊임없이 소통하면서 연결고리를 잘 맞춰야 한다. 굉장히 많은 사람이 하나의 장면을 위해 움직이므로 실무에서 가장 중요한 것이 커뮤니케이션이다.

로케이션은 영화에 필요한 장소들을 목록으로 만들어 연출팀, 제작팀, 미술팀, 촬영팀이 공간을 찾아내는 일이다. 로케이션 헌팅을 가면 촬영팀은 특정 장면을 촬영하는 시각으로 장소를 본다. 미술팀은 어느 장소에서도 백 퍼센트 입맛에 맞는 공간을 찾기 어렵다. 그래서 '저 벽 색깔을 이렇게 바꿔야겠다.' '여기에 이런 변화를 주면 느낌이 달라지겠다.' 하면서 추후 변경 가능성을 생각한다. 이렇게 찾아낸 공간 중에서 감독, 촬영감독, 조명감독, 미술감독이 모여 로케이션 선택을 한다.

프로덕션 디자인의 준비 기간이야 넉넉할수록 좋지만, 일반적으로는 2~3개월 정도이다. 시대극이나 고예산 영화는 5~6개월이 필요한 경우도 있다. 내가 참여한 영화로 〈좋은 놈, 나쁜 놈, 이상한 놈〉은 거의 10개월 가까이 프리프로덕션을 했는데, 무척 예외적이라 하겠다. 영화 속 모든 공간이 일종의 판타지여서 현실에서 찾을 수 있는 공간이

::〈베테랑〉현장. 실감나면서도 영화적인 공간을 만드는 것이 프로덕션 디자인이다.

없었고, 모든 공간을 중국에서 세트로 제작해야 했다.

미술팀은 프리프로덕션뿐만 아니라 프로덕션 기간에도 현장을 지키면서 모든 촬영에 참여해야 한다. 미술감독이 항상 현장에 나가는 것은 아니고 미술팀에서 역할을 배분하여 담당하는데, 요즘에는 아트디렉터가 현장을 담당하는 경우가 많다. 미술감독은 전체적인 디렉팅과 설계, 디자인을 맡고, 아트디렉터는 전 과정에 참여하면서 특히 주어진 설계를 잘 지켜 내고 촬영 현장의 돌발변수를 관리한다고 보면 된다. 이렇게 팀 내에서 역할을 세분화하여 효율적인 작업을 하고 있다.

화가가 되고 싶었던 미술학도

어릴 적 꿈은 미술감독이 아니라 화가였다. 그림으로 돈을 벌거나 명예를 얻겠다는 것도 아니었고 그저 내 그림을 그리고 싶었다. 그런데 가정 형편이 넉넉지 않다 보니 집에서는 물론 미술 선생님마저도 만류했다. '그림 그리는 재주로 먹고 살기 힘들다.' '잘 풀려도 지방대 강사나 미술학원 선생이 되는 정도다.' 하는 현실적 이유였다.

그래서 회화가 아닌 시각디자인으로 대학에 진학했고 졸업을 앞두고 진로를 고민하다가 모교에 출강하던 주병도 미술감독님의 추천을 받아서 서울로 올라왔다. 그렇게 해서 처음 작업한 영화가 〈체인지〉와 〈초록물고기〉였다. 지금이야 미술팀에도 여러 사람이 있지만 그때만 해도 미술감독과 조수 한 명이 일했다. 게다가 전혀 다른 느낌의 영화를 동시에 진행하려니 정말 정신없이 주어진 일을 감당했다.

두 작품이 끝나자 주 감독님은 텔레비전 일로 돌아가시고 나는 연고도 없는 서울에 혼자 남았는데, 함께 일한 영화 제작팀 스태프가 다른 영화를 맡으면서 일을 제안했다. 그것도 미술감독으로. 5년 정도는 일을 배워야 하지 않을까 생각하고 있던 터라 너무 큰 제의에 당황했다. 그렇게 1년 정도 조수 시절을 거쳐 미술감독으로 입봉한 영화가 〈할렐루야〉이다. 당시는 이현승 감독의 〈그대 안의 블루〉 등 한국영화의 영화미술이 태동하던 시기여서 기회를 빨리 잡을 수 있었다.

그 후 10년 가까이 누구에게 배우지도 못하고 혼자 부딪쳐 가면서 미술감독으로서 경험을 쌓았다. 그중에는 〈퇴마록〉처럼 당시로는 최신 기술인 CG가 들어가는 영화도 있었다. 여러 작품을 쉬지 않고 맡아 바쁘게 지낸 시간이었다.

그러다가 위기가 찾아왔다. 미술학도 출신으로 미술이 중요한 영화를 맡고 싶은 욕구가 늘 있었는데 〈내츄럴 시티〉에 참여할 기회를 얻었다. 〈공각기동대〉나 〈블레이드 러너〉 같은 SF 영화의 오마주로 작업할 수 있어서 즐거웠다. 그런데 이 영화가 흥행에 실패하고, 작업 중이던 〈데우스 마키나〉라는 작품이 촬영 중단되는 사태가 벌어졌다. 고민이 깊어졌다. 그즈음 류성희 미술감독이 참여한 〈올드보이〉, 〈달콤한 인생〉, 조근현 미술감독의 〈장화, 홍련〉이 나왔다. 정말이지 미술이 중요한 영화를 하고 싶었다.

큰 전환점이 된 〈친절한 금자씨〉

의도적으로 2년 정도를 쉬었다. 그림 그리는 재주가 있다 보니 다른 영화나 뮤직비디오 콘티 작업을 하며 지냈다. 그때 그렸던 영화 콘티로 〈쓰리, 몬스터〉가 있는데, 세 편의 옴니버스 영화 중 박찬욱 감독 연출의 〈컷〉에 참여한 류성희 미술감독과 만나는 계기가 되었다.

그러다 다시 예산이 좀 큰 무협영화의 미술감독 제의가 들어왔다. 미술감독으로서 표현할 수 있는 것이 많겠다 싶어서 계약을 결심하고 영화사에 찾아가 감독, 프로듀서와 함께 이야기를 나누던 중에 정정훈 촬영감독에게서 전화가 왔다. 박찬욱 감독이 〈친절한 금자씨〉라는 작품을 준비하고 있다, 류성희 미술감독이 다른 영화와 스케줄이 겹쳐서 어쩔 수 없이 못하게 되었다, 미술감독 후보가 세 명인데 그중 한 사람이 당신이다, 라는 용건이었다.

미술감독 제의가 온 것도 아니고, 단지 후보 세 명 중 하나였는데도 마음이 기울어 버렸다. 영화사 미팅 자리로 돌아와서 말했다. '정말 죄송하다. 아직 결정된 건 아닌데 다른 작품에서 제의가 왔다. 기다리고 싶다. 아직 일을 시작한 건 아니니 양해를 부탁한다. 정말 죄송하다.' 2

주 정도 지나고서 〈친절한 금자씨〉 팀에서 연락이 왔다. 내게는 큰 전환점이 된 영화를 그렇게 작업하게 되었다.

영화 〈위플래쉬〉에는 'Good job'이라는 표현이 나온다. '그만하면 잘했다'는 칭찬이 아니라 최고로 미련하다는, 좋지 않은 뜻으로 쓰인다. 사람을 너무 극단으로 몰면 안 되겠지만, 더 좋은 것이 나올 수 있는 상황에서 안주하는 것을 경계하는 의미로 보자면 이만한 반어법이 없다. 자신의 한계를 극복하고 미쳐서 영화를 만드는 것이 한국영화의 힘이라고 생각한다.

많은 젊은이들이 영화미술계에 입문하고 싶어 하면서도 머뭇거리는 것을 종종 본다. 자기만의 장점을 만들고, 너무 고민하지 말고 뛰어들라고 말하고 싶다. 어떻게든 현장에 투입돼서 실무를 경험하는 것이 제일이다. 직접 보고, 뛰고, 욕도 먹고, 이러면서 빨리 시작하는 것이 좋다. 그러면 내가 뭘 해야 될지 알 수 있으니까. 너무 늦게까지 공부만 하고 지레짐작으로 판단하는 습관을 들이기 전에 뛰어들라.

(구술정리 : 최은진)

06   의상

영화와 캐릭터의 색채를 좌우한다

| 조상경 |

1973년생. 한국예술종합학교에서 무대미술을 전공했다. 〈올드보이〉, 〈달콤한 인생〉, 〈박쥐〉, 〈친절한 금자씨〉, 〈타짜〉, 〈군도: 민란의 시대〉, 〈암살〉, 〈내부자들〉, 〈아가씨〉, 〈밀정〉, 〈마스터〉, 〈군함도〉, 〈택시운전사〉 등 현대극과 사극을 넘나들며 활동하고 있다. 제36회 청룡영화상 기술상 등을 받았다. 스튜디오 곰곰 대표이다.

사람들은 나를 의상디자이너라고 부른다. 처음부터 의상에 관심을 가진 것은 아니다. 한때 나는 수묵화를 그리던 소녀였다. 그러다가 지금은 영화 의상디자이너로 살고 있다. 일이 넘쳐나서 "저 바빠서 못해요."를 외치다가 "네, 해요, 합니다."를 반복하는, 양치기 아줌마가 됐다.

"상경 씨 처음 봤을 때 빨간 양말 신고 있어서 이상했어!" 지금에 와서야 농담처럼 류성희 미술감독이 말한다. 그녀는 한때 영상원에서 강의했고, 나는 4학년 학생이었다. '빨간 양말 신은' 학생은 2001년 류승완 감독의 〈피도 눈물도 없이〉에 합류한다. 류승완 감독, 최영환 촬영감독, 류성희 미술감독, 그리고 나까지, 모두 상업영화가 처음이었다. 현장 경험도 없이 호기심에 한번 해본다고 시작한 것이 지금에 이르렀다.

대학에 다니던 20대 때는 사실 한국영화를 잘 보지 않았다. 그러다 〈정사〉, 〈반칙왕〉을 보고 '한국영화가 뭔가 달라졌구나.' 하고 느꼈다. 2001년에서 2003년까지 영화판은 "현대 차 수출하는 것보다 영화판이 낫다."라는 소리가 나올 정도의 호시절이었다. 한국영화의 르네상스가 시작된 시기이다. 〈장화, 홍련〉, 〈올드보이〉, 〈지구를 지켜라!〉 등 무척 다양한 영화가 등장했다. 나도 그 시기를 잘 탄 것이다. 그런데 나는 양말을 안 신고 다닌다. 아마 내가 그런 인상을 주는 사람이었나 보다. 빨간 양말은 아니지만 가죽바지를 입고 다니긴 했다.

시나리오 받는 순간부터 무당이 된다

류성희 미술감독에게서 의상을 맡아 달라는 제의를 받은 날로부터 15년이 흘렀다. 개봉하지 않은 영화까지 포함하면 60편 정도를 작업했다. 일은 피디, 감독 등을 통해 들어오는데 박찬욱 감독님처럼 관계가 오래된 경우는 미리 알려 온다. 기획 단계에서 접하는 작업도 있고, 시나리오가 발전되는 도중에 받는 작업도 있다. 배우는 일찌감치 캐스팅되어 누가 영화에 출연하는지 정해진 경우가 많다.

나는 제안을 좀 일찍 받는 편이다. 서너 달 혹은 1년 전에 받는 것도 있는데 아직 제작에 안 들어간 경우다. 투자가 불안한 것이다. 그래서 스케줄이 꼬이는 일도 생기고, 어떤 작업은 한 달 만에 들어가기도 한다. 〈이끼〉와 〈대호〉가 그랬다. 갑자기 투입되는 것이다.

간략히 말해 의상 작업은 회의를 거쳐서 계속 PT를 하는 방식이다. 여기에는 콘셉트 잡기, 콘셉트를 계속 발전시키는 프레젠테이션, 피팅,

:: 팀원들이 퇴근한 후 텅 빈 작업실에서 〈신과 함께〉 의상 관련 자료를 바라보며 홀로 생각에 잠긴 모습.

테스트 촬영, 실제 촬영 준비 등이 포함된다. 의상디자이너는 시나리오를 받는 순간부터 무당이 된다.

의상은 물론 시나리오에 기본을 두지만 중요한 것은 배우다. 배우들이 가진 이미지가 있다. 대부분 톱 배우들과 작업했는데 그들이 어떤 이미지를 갖고 있는지, 과거에 어떤 연기를 했는지 연구하는 것이 기본이다. 배우, 감독, 의상디자이너는 이미 시도한 것보다는 새로운 제안을 선호한다. 이를테면 똑같은 양복이라도 〈달콤한 인생〉의 이병헌과 〈내부자들〉의 이병헌이 입은 것이 다르다. 스토리, 톤, 캐릭터가 전혀 다르므로 다른 옷, 다른 수트를 입어야 하는 것이다.

어쨌거나 출발점은 배우이다. 아무것도 없는 흰 종이에 뭘 그릴지 묻는 방식이 아니다. 시나리오, 캐릭터, 배우가 있으니 모든 것이 명확하다. 패션 디자이너는 시장 판매를 염두에 두고 만들지만, 코스튬은 그렇지 않다. 주어진 요소들을 충족시켜야 한다. 그 과정에서 떠오르는 이미지들이 있고 그 이미지들을 잡으면서 시작한다.

가령 〈친절한 금자씨〉에서 영화적 리얼리티를 따지자면 금자가 90년대 옷을 입어야 한다. 하지만 그 시절 패션 스타일은 최악이라서 영화에 맞게 소화해 낼 자신이 없었다. 감독에게 70년대 스타일인 물방울 원피스를 제안했다.

지금도 마찬가지지만 내 취향을 바탕으로 배우의 이미지를 입히고 시나리오의 영화 색채를 반영해서 작업한다. 〈검사외전〉과 〈암살〉도 그랬다. 시나리오에서 덜 드러난 분위기를 배우의 의상으로 어느 정도 메울 수 있다. 시나리오는 공동 작업의 기초이다. 그래서 의상디자이너는 시나리오를 계속 발전시키는 과정에 참여해야 한다. 대체로 시나리오에서 모든 의상 힌트를 얻는다. 요즘은 여러 작품을 동시에 하다 보니 시나리오를 자꾸 까먹어서 '얘 이름이 뭐였지?' 하고 되묻기도 하지만.

의상팀 시스템을 구축하다

〈피도 눈물도 없이〉를 작업하고 임신을 했고 〈맛있는 섹스 그리고 사랑〉을 마친 후에는 영화 일을 계속할지 고민했다. 출산하고 백일이 지난 상태였기 때문이다. 그때 〈올드보이〉 팀의 연락을 받았다. 그 뒤로는 〈범죄의 재구성〉, 〈얼굴 없는 미녀〉, 〈달콤한 인생〉, 〈괴물〉 등을 잇달아 작업했다. 류승완 감독은 박찬욱 감독의 제자, 김지운 감독은 박찬욱 감독의 친구여서 소개가 이어졌다. 박찬욱 감독과는 〈올드보이〉 때부터 계속 함께 작업했다. 〈스토커〉만 빼고.

쉼 없이 작업할 수 있었던 데에는 성격이 한몫했다. 중학교 때부터 나는 야행성에 성격이 '멀티형 산만'이었다. 그때부터 하루에 네댓 편씩 영화를 봤고 늘 동시에 무언가를 한다. 집에서 밥을 해 먹을 때도 찌개며 반찬이며 동시에 진행해서 15분 만에 해치운다. 의상 일은 이런 성격에 잘 맞는다.

좀 지나치다 싶긴 하다. 우리 작업실 스튜디오 곰곰의 팀원들은 주4일, 주5일 일하는데 나는 휴일 없이 거의 24시간 일한다. 특히 촬영 현장 상황에 따라 불규칙하다. 팀원들이 새벽 촬영 도중에 연락을 하기도 해서 늘 휴대전화를 끼고 살면서 이것저것 관여하고 여기저기 출몰한다.

가령 낮에 외부에서 회의를 하고 들어오면, 팀원들이 각자 준비하는 영화 상황을 보고하고 함께 진행 상황을 체크한다. 팀원들이 퇴근하는 시간은 밤 열 시, 열한 시. 그제야 나는 내 일을 처리하고 미뤄 둔 고민을 처리할 시간을 가질 수 있다. 그러다 보면 새벽이다. 일상이 되어 버린 작업 환경이다.

멀티 플레이어라고 해서 내가 모든 일을 할 수는 없다. 7개 팀에 크루, 어시스턴트 등이 3명씩만 있어도 21명이다. 여기에 협업자들까지 30명이 유동적으로 움직인다. 협업자는 나와 10년 넘게 손발을 맞춘 사람들로 각자의 영화 작업을 하다가 우리가 큰 작업을 할 때 돕는다. 식구가 늘어나면서 3년 전에 슈퍼바이저, 매니저 등으로 작업실 스태프를 꾸렸다.

우리 작업실은 의상디자인뿐 아니라 액세서리 같은 영화 소품도 만든다. 이를 담당하는 매니저가 있다. 슈퍼바이저는 우리 식으로 말하면 실장이다. 영화 한 편당 프로덕션이 각각이다. 우리 팀에는 5명의 실장이 있고, 실장마다 영화 한 편씩 담당하고 있다. 그 밑에 크루가 있는

데 엔딩 크레디트에 의상실장, 의상팀장 등의 명칭으로 올라간다.

의상팀의 주된 업무는 워드로브(Wardrobe) 역할이다. 현장에서 옷을 관리하고 갈아입히는 일. 우리 팀은 의상 제작을 많이 한다. 제작 인원이 따로 있다. 일러스트레이터, 디자인 담당도 있다. 현재까지 이런 시스템으로 운영하고 있다. 영화산업의 각 분야가 체계를 갖추지 못하고 작업자들이 연대하지 못하는 분위기여서 시스템을 만드는 일에 노력하고 있다.

시스템 구축은 한편으로 일 욕심이 많아서기도 하다. 현대물 위주로 작업하다가 2007년에 처음 시대극으로 〈모던 보이〉를 맡아서 미술감독까지 겸했다. 그 뒤로 일제강점기가 배경인 〈그림자 살인〉, 한국전쟁을 다룬 〈고지전〉, 사극 〈후궁: 제왕의 첩〉 등을 하다 보니 더 넓은 공간이 필요했다.

사무실을 강남에서 성남으로 옮기면서 옷의 수준도 높이고, 빨리빨리 잘 만들고 싶은 욕구가 생겼다. 영화를 보다가 부끄러운 마음이 드는 것이 싫었다. 수준을 유지하기 위해 재료비를 아끼지 않고 투자한다. 무엇보다 중요한 것이 사람이다. 따라서 팀원 관리에도 신경을 많이 쓴다.

의상디자인은 단순히 패션이 아니다

의상팀은 기본적으로 배우가 착용하는 모든 옷과 소품을 책임지는 것이 맞다. '코스튬 디자인'은 고유하고 통합적인 작업이다. 아직 의상디자인에 대한 영화판의 인식은 부족하다. 패션 잡지는 우리 영역을 패션으로 보기도 한다. 의상이 배우와 직접 관련되기도 하고, 나 자신이 홍보를 위해 그런 정보를 제공하기도 해서일 것이다.

의상은 아날로그적이다. 사람을 상대하는 정서적인 일이다. 나는 인터넷을 뒤지기보다 발로 뛰면서 자료조사를 했다. 쇼핑몰, 숍, 박물관, 시장 등을 참 많이도 돌아다녔다. 하루에 10시간씩 걸어 다니던 시절도 있다. 직접 눈으로 보면 감도가 달랐다. 문화재 장인, 명장, 이런 분들을 찾아뵙고 인터뷰하는 것이 좋았다. 배우들과 캐릭터를 의논하고 옷에 대해 상의하는 시간도 즐거웠다. 이런 과정을 보면 코스튬 디자인이 고유 영역이라는 사실이 분명하게 드러난다.

물론 모든 일을 내부에서 해결하지는 않는다. 때로 외부업체와 협업하고 특정 디자이너에게 부탁하기도 한다. 디자이너에게 콘셉트를 설명하고 제작을 의뢰하는 것이다. 디자이너들이 실력은 훨씬 낫다. 〈모던 보이〉의 김혜수 씨 의상, 〈초능력자〉의 강동원 씨 의상이 그런 과정을 통해 탄생했다.

의상팀의 장점은 문제 해결 능력에 있는 것인지도 모르겠다. 나는 내구성 있는 기성복 같은 옷은 못 만들지만 촬영에 필요한 의상은 잘 만든다. 조명, 촬영, 배우 등을 모두 고려한, 실제로는 입지 못하는 가짜 옷 말이다.

처음 일을 시작할 때 운이 좋았다. 류승완, 박찬욱, 김지운 감독 등과 만났고 소통하는 과정에서 오롯이 영화, 시나리오에만 집중할 수 있었다. 이야기가 잘 통했고 배울 점도 많았다. 이제는 감독님들에게 농담처럼 말한다. "나도 운이 좋았지만, 감독님도 운이 좋았다."

작년부터 현장은 거의 못 나가고 있다. 〈군도: 민란의 시대〉, 〈협녀, 칼의 기억〉까지는 나갔는데 〈암살〉 때부터인가 안 나갔다. 강우석 감

:: 웨딩드레스를 입고 총격전을 벌이는 〈암살〉의 독립군 저격수 안옥윤(전지현). 부케 사이로 총구를 겨누고 가터 벨트에서 탄창을 꺼낸다.

독님은 "현장에 안 나와도 작업할 수 있는 사람은 조상경밖에 없다."라고 말한다. 박찬욱 감독님과는 〈쓰리, 몬스터〉 때의 신뢰로 〈친절한 금자씨〉는 피팅 없이 시작했다. 감독님들이 나를 믿고 내 제안을 받아 줘서 가능한 일이었다. 감독님들과 마찬가지로 배우들과도 신뢰를 쌓아 왔다. 내가 맡은 영화에 대해 사람들이 이야기를 많이 하니까 사명감과 책임감도 더 커졌다.

지금의 영화 환경은 10년 전과 다르고, 내가 처음 일할 때와는 너무도 다르다. 그러니 나를 롤 모델로 삼아 배울 일은 아니다. 스스로 일하는 사람이 되어야 한다. 그러나 처음 이 일을 시작하려는 사람들에게 창구가 없고 배울 데도 없다 보니 문의를 많이 해 온다. 영화판에 공채 시스템이 있는 것도 아니어서 대부분 알음알음 입문한다. 의상 파트여도 전공이 따로 없다. 코스튬 디자인이 아니라 대개 의류학과 전공이다. 우리 팀에도 디자인 계열, 의류학과 출신도 있고, 인문대를 나왔거나 유학을 다녀온 친구도 있다. 의류학과를 졸업해도 인턴으로 일을 시작해야 한다. 영화 두세 편을 작업해도 일의 흐름을 파악하기 쉽지 않다.

국내에 관련 교육기관이 없는 것이 문제다. 실제로 우리 팀에서 일하다가 포트폴리오를 만들어서 유학을 간 친구들도 있다. 해외에는 코스튬 디자인이 따로 있고, 특히 미국은 세분화되어 있다. 그러니 정말 진로를 영화 의상디자인으로 정했으면 외국에서 공부하는 것도 좋은 선택이 될 것이다. 전문 인력이 점차 늘어나고 국내에도 언젠가 교육체계가 갖춰지길 기대한다.

(구술정리: 최희숙)

07 특수분장

아직도 이게 진짜로 보이니?

| 황효규 |

1976년생. 부산대학교 미술학과를 졸업했다. 2003년 특수분장 및 애니메트로닉스 전문회사 CELL을 설립했다. 제17회 부산국제영화제 영화인의밤 특별상을 받았다. 〈살인의 추억〉, 〈추격자〉, 〈마더〉, 〈광해, 왕이 된 남자〉, 〈암살〉, 〈검은 사제들〉, 〈곡성〉, 〈아가씨〉, 〈밀정〉, 〈옥자〉, 〈군함도〉, 〈택시운전사〉 등을 담당했다.

　특수분장사가 되고 싶어서 이 글을 읽고 있다면 '시작이 반'이라는 말을 기억하기 바란다. 당신의 관심이 길을 열어 줄 것이다. 내가 그렇게 시작했다. 내가 영화 〈에프 엑스〉를 보며 특수분장사를 꿈꾸던 2000년은 '특수분장'이라는 말이 한국 영화판에 막 들어온 시점이었다. 영화인들조차 생소하게 느끼던 분야라서 관련 학교도 없었고 그나마 있던 분장 학원의 수강료는 터무니없이 비쌌다. 지방에 살고 있어서 정보도 부족했다.

　그런 절망적인 상황에서 책을 한 권 만났다. 우리나라 특수분장 1세대를 이끌어 가던 황현규 선생님이 쓴『황현규의 분장 이야기: 상상하라 그것은 현실이 된다』. 누구도 가르쳐 주지 않았던 특수분장의 세계가 그 책에 있었다. 저자를 반드시 만나야겠다는 결심이 들었다. 그런데 출판사에 문의를 해도 연락처를 알아낼 수 없었다.

물러나지 않고 선생님 관련 기사를 찾아 기자에게 이메일로 사연을 보냈더니 이메일 주소 정도는 알려 줄 수 있다는 답이 돌아왔다. 덧붙여서 황 선생님이 이메일을 일 년에 한두 번 읽을까 말까 한다고 했다.

떨리는 마음으로 황 선생님께 메일을 보냈다. "특수분장사가 되고 싶은 대학교 4학년 학생입니다."라는 첫 문장을 시작으로 구구절절 써 내려간 내 사연에 하늘이 감동한 것일까? 기적처럼 선생님이 메일을 읽었다. 심지어 당시 내가 살던 해운대 근처에서 〈성냥팔이 소녀의 재림〉이라는 영화를 촬영 중이니 한번 놀러 오라고 했다. 부푼 기대를 안고 포트폴리오가 될 만한 것을 챙겨 곧장 찾아갔다. 인사를 드리고 다시 한 번 특수분장에 대한 열정을 내비치자 선생님이 말씀하셨다. "너한테 이게 딱 맞겠다."

새벽 기차로 무작정 상경하다

물론 좋은 이야기만 해 주신 것은 아니다. 아무래도 막 시작하는 분야이다 보니 먹고살기 어렵다는 말씀이었다. 그렇지만 중요한 정보를 주셨다. 선생님 팀은 특수분장 전문이 아니라 분장을 주로 하면서 특수분장도 겸업하고 있으니 〈텔 미 썸딩〉과 〈공동경비구역 JSA〉 등에서 특수분장을 담당한 A회사가 더 맞겠다는 조언이었다.

이번에도 무작정 A회사를 찾아갔다. 인터넷으로 회사 주소를 확인하고 포트폴리오가 될 만한 것들을 품에 안은 채 서울행 새벽 기차에 몸을 실었다. 아는 사람 하나 없이 찾아간 회사에서 용기 있게 말했다.

:: 중국산 백늑대 털을 사서 호랑이 털로 염색한 후 하나하나 심은 모습. 〈대호〉의 호랑이는 그렇게 탄생했다.

"막내로 들어가 청소부터 하고 싶습니다!" 지성이면 감천이라고 다행히 빈자리가 있었다. 드디어 특수분장의 길에 들어선 것이다.

말 그대로 청소부터 시작했다. 매일같이 제일 먼저 출근해서 지하 작업실 문을 다 열어 환기시키고, 계단 위로 선풍기를 틀어 먼지를 빼냈다. 쓸고, 걸레질하고, 빈 통을 닦았다. A회사는 특수분장 분야에서 독보적이어서 주말도 없이 바쁘게 일했는데 그만큼 빨리 일을 배울 수 있었다.

2년 만에 팀장이 되어서 처음 맡은 영화가 〈살인의 추억〉이다. 촬영 현장에 인조 시체를 가지고 갔는데 황현규 선생님을 만났다. 나를 보고는 "네가 포기하지 않고 여기까지 와서 정말 기쁘다."라고 하셨다. 꾸준히 버텨 온 모습에 기뻐해 주시던 모습이 아직도 기억에 생생하다.

A회사에 그리 오래 다니지는 않았다. 나와서 회사를 차린 것이다. 혼자였더라면 엄두도 안 났을 테지만 옆에 곽태용(현재 CELL 공동대

표) 실장이 있었다. 미술 전문인 나와 기술 전문인 곽태용 실장이 만나 시너지 효과를 낼 수 있을 것이라는 판단에 단편이라도 한번 같이 해보자는 다짐으로 일산 외곽에 조그만 사무실을 차려 독립했다.

그럴듯한 회사 이름을 지으려고 의학용어사전을 뒤졌다. 단어를 조합해 거창한 의미를 부여하려다 보니 사람들이 기억하기 어려워 보였다. "생명체를 구성하는 최소의 단위 CELL이라고 하자." "한 글자라 기억하기도 쉽네." 그렇게 지금의 CELL이 탄생했다.

거위 잡는 날 도계장으로 달려가다

CELL의 첫 독립영화는 〈신성일의 행방불명〉이다. 영화에는 엄마의 손이 날개가 되는 장면이 있다. 이 날개를 만들려고 깃털을 사러 동대문에 갔다. 큰 깃털 하나가 삼천 원이었다. 그런데 천 개 단위로밖에 안 판다고 했다. 우리가 받은 예산은 백만 원도 안 되었다. 첫 작품이라 잘해야 한다는 생각뿐이었다. 발로 뛰는 수밖에 없었다.

수소문 끝에 거위 잡는 날에 맞춰 난생처음 도계장이란 곳을 찾았다. 검은 봉지를 하나 들고 산더미처럼 쌓인 거위 털 더미 속에서 쓸 만한 것을 직접 고르기 시작했다. 거위 털만 있으면 괜찮았을 텐데 비린내가 진동하고 가끔 거위 머리와 살점이 손에 잡히기도 했다. 정말 끔찍했다. 고생 끝에 깃털을 골라 내 머리카락보다 정성 들여 샴푸와 린스로 손질해 말리고 하나하나 심어서 날개를 만들었다.

그 뒤로 〈우리 형〉과 〈쓰리, 몬스터〉로 상업영화에 입봉하고 지금까지 한 번도 쉬지 않고 달려왔다. 젊은 사람들이 대충 하지 않고 열심히 준비한다는 소문이 난 모양인지 우리를 믿고 일을 맡기는 분들이 점점 늘어났고 꾸준히 영화에 참여할 수 있었다.

현재 특수분장팀으로는 우리가 일을 가장 많이 맡고 있다. 작업의 폭도 넓다. 〈인류멸망보고서-천상의 피조물〉, 〈로봇, 소리〉 등에 나오는 로봇부터 다큐멘터리의 공룡, 〈대호〉, 〈하울링〉의 동물, 심지어 전쟁영화에 등장하는 대포까지 외주 없이 직접 만든다. 한국영화의 크레디트에서는 '특수분장팀'으로 이름이 올라가고, 할리우드에서는 '스페셜 메이크업' 또는 'FX'라고 하는데 우리는 스스로 '테크니컬 아트스튜디오'라고 부른다. 미술은 미술인데 순수미술이 아닌 기술적인 미술이다.

한국영화에서 특수분장 수요가 생긴 것은 1990년대 후반이다. 처음에는 마네킹이나 실리콘 더미를 많이 썼다. 그래서인지 특수분장을 시체나 좀비와 연관 지어 생각한다. 하지만 특수분장은 훨씬 많은 곳에서 쓰인다. 최근에는 〈오 마이 비너스〉와 〈암살〉을 작업했다.

"신민아가 살을 더 찌웠어야 하는 거 아닌가? 특수분장이라도 좀 하지." "이정재는 예전엔 몸짱이었는데 배도 나오고 가슴도 쳐지고 볼품없네. 실망이다." 이렇게 관객들이 알아채지 못하면 성공이다. 사람의 체형이나 나이를 자유자재로 조절하는 것도 특수분장에 포함된다. 제일 중요한 것은 감쪽같이 보여야 한다는 점이다.

외국에서는 특수분장이 피부팀, 실리콘팀, 채색팀, 석고팀, 기계장치팀 등으로 세분되어 있지만 우리나라는 아직 그렇지 않아 특수분장팀이 할 일이 제법 많다. 그리고 영화마다 특수분장이 필요한 분량이 제각각이다. 〈광해, 왕이 된 남자〉에서는 한 장면만 특수분장을 썼다. 액션 장면에서 피가 튀고 하는 것은 특수분장팀이 아니라 특수효과팀에서 담당했다.

:: CG의 실물 레퍼런스를 위해 제작한 〈미스터 고〉의 고릴라 링링과 함께.

우리가 맡은 것은 주인공 이병헌이 대침을 맞으며 뜸을 뜨는 장면이었다. 뜸 뜨는 장면에서 특수분장을 썼다고 하면 좀 뜬금없다고 생각할지 모르겠다. 우리 신조도 '쓸데없는 건 만들지 말자', '실제 배우가 제일 자연스럽다'라서 효율적이지 못한 것을 제작하고자 하면 절대 추천하지 않는다. 하지만 그 장면은 우리 쪽에서 전신 더미 제작을 제안했다. 역사적 고증에 따라 못만큼 두꺼운 침을 맞아야 하니 실제로 연기를 할 수는 없었다. 그러니 CG를 써야 했고, 카메라 앵글에 제약이 있었다.

결국 더미를 만들기로 했다. 처음에는 감독님부터 스태프까지 반신반의했지만 실제로 제작된 더미를 보고 다들 만족했다. 숨 쉴 때 움직이는 흉부부터 고통에 살짝 찡그리는 미간의 주름까지 섬세하게 기계장치를 했다. 촬영본을 본 사람들은 배우의 연기로 착각할 정도였다. 아마 아직까지 모르는 관객도 많을 것이다.

감독의 연출의도를 구현하는 엔지니어

특수분장의 결정은 시나리오를 받고 이루어진다. 연출자는 대개 어떻게 표현하고 싶다는 의도는 있어도 그 방법은 모르는 경우가 많으므로 특수분장이 들어가야 할 부분을 체크하고, 리스트를 만들어서 보여줘야 한다. 또 영화의 심의등급도 고려해서 계획을 세운다. 그뿐만 아니라 촬영이 원테이크로 갈지 나눠서 갈지에 따라서도 방법이 달라지므로 세세한 부분까지 논의한다.

쉽게 말해 우리는 감독의 의중을 구현하는 엔지니어다. 요즘은 CG, 특수효과, 특수분장이 하나가 되어 협업하는 경우가 많다. 〈하울링〉에서는 개가 사람을 무는 장면에서 개의 부분 더미를 썼는데, 우리가 실리콘을 이용해 사람이 물리는 순간을 표현하면, 그 이후의 장면은 CG 팀이 처리하는 식이다.

솔직히 연출자에게는 우리보다 분장팀, 소품팀, 미술팀이 먼저다. 그러다가 어떤 장면에서 분장이나 미술, 소품으로 해결할 수 없는, '이건 어떻게 하지?' 하는 순간이 오면 그제야 우리를 찾는다. 아무래도 그 방면에서는 우리 팀이 더 다양한 재료와 기법을 사용해 15년 이상 일하면서 쌓은 노하우가 있으니까.

일을 하며 습득한 기술을 쓰기도 하지만 때로는 처음 해 보는 시도도 있다. 〈로봇, 소리〉의 로봇이 그랬다. 장면 대부분을 CG로 표현하기에는 시간도 많이 걸리고 실제적인 느낌이 덜할 수 있었다. 그래서 진짜 로봇을 만들었다. 아마 우리에게 매일 똑같은 더미만 만들라고 하면 지루해서 금방 때려치웠을지도 모른다. 그런데 로봇부터 동물, 좀비 등 생각지도 못했던 다양한 것을 만들고, 새로운 영화가 나올 때마다 새로운 도전을 할 수 있으니 정말 재미있다. 물론 생전 처음 시도하는 일에는 걱정도 따르지만, 같이 머리 싸매고 고민할 식구들이 있어서 괜찮다.

특수분장은 연금술 같기도 하다. 안 쓰는 재료가 없다. 심지어 주방에 있는 수세미도 재료가 된다. 그래서 매번 다양하고 새로운 자료와 재료를 찾으러 돌아다니고 일일이 연구를 한다. 남들이 쓰지 않은 재료로 남들이 해 보지 않은 것을 성공하면 정말 희열을 느낀다. 그래서 나는 첫 직업인 이 일을 앞으로도 계속하고 싶다.

한국영화 시장이 작기는 하지만 예전보다 일도 많고 먹고살기 힘든 구조는 아니다. 어느 분야든 마찬가지지만 처음 일을 배울 때는 '헝그리 정신'이 필요하다. 이 일을 제대로 하려면 4~5년 넘게 배워야 한다.

우리 회사는 공개채용을 잘 하지 않는다. 그렇지만 회사 홈페이지에 메일 주소는 있다. 내가 그랬듯이 간절히 원하는 사람은 도전할 수 있다. 지금 함께 일하는 사람들도 마찬가지였다. 미술 쪽에 대한 이해 혹은 기계에 대한 이해가 높은 사람이 적합하다. 그런 성향이 없으면 열정만으로 극복하기는 어렵다. 덧붙여서 관찰력이 중요하다. 달리 말하면 궁금증이라고도 할 수 있겠다. '저런 걸 만들다니, 장난이 아니다.'라고 감탄만 하는 것이 아니라 '저건 어떻게 움직이지?' '어떤 구조로 만들었지?' 하는 의문이 드는 사람에게 맞는 일이다.

(구술정리 : 최희숙)

3장

포스트프로덕션(Post-Production)

01 편집

관객과 춤을 추는 기분으로

| 최민영 |

아메리칸 필름 인스티튜트에서 필름 편집으로 석사학위를 받았다. C-47 Post Studio 대표이다. 〈내 머리 속의 지우개〉로 데뷔했고 〈웰컴 투 동막골〉, 〈아내가 결혼했다〉, 〈만추〉, 〈악의 연대기〉, 〈인천상륙작전〉 등을 편집했다. 〈설국열차〉로 제50회 대종상영화제 편집상을 수상했다.

영화 편집자는 포스트프로덕션에만 참여할 것 같지만 실제로는 프리프로덕션부터 함께한다. 시나리오를 보고 콘티 작업을 할 때 "이 장면이랑 이 장면은 연결하면 좋겠다."라고 의견을 내고, 촬영용 콘티가 나온 후 촬영에 들어가기 전에도 "이 신(scene)과 저 신을 연결하면 감정 흐름이 이상하지 않을까?" 하며 참여한다. 시나리오와 콘티만 보고도 촬영분의 편집 결과가 편집자의 머릿속에 이미 영화처럼 떠오르기 때문에 가능한 일이다.

어떤 영화는 롤러코스터처럼 결말을 다 알고도 본다. 나는 〈스타워즈〉 팬이다. 영화를 보고 또 봐서 내용을 꿰고 있어도 재미있다. 주인공이 죽을 것을 알지만 또 슬퍼하고, 곧 갈등이 해결되는 줄 알면서 긴장한다. 이런 과정이 모두 롤러코스터 같다. 우리는 롤러코스터를 타는 곳에서 내린다. 어딘가로 떠나려는 것이 아니라 올라가고 내려가고 돌아가는 과정이 재미있는 것이다. 내게는 편집이 롤러코스터처럼 과정에 집중하게 만드는 작업이다.

디지털 시대에 맞춰 더 바빠진 편집실

요즘 한국영화는 거의 디지털로 촬영한다. 필름으로 찍는 영화는 드물다. 내가 마지막으로 필름 작업을 한 영화는 〈설국열차〉이다. 촬영은 필름으로 하고 촬영본을 스캔해서 디지털 파일로 작업했다. 영화가 촬영에 들어가면 촬영분이 편집팀으로 바로바로 넘어온다. 프로덕션과 포스트프로덕션이 동시에 진행된다고 봐도 무방한 시스템이다.

촬영 현장에서 촬영분이 넘어오면, 편집 어시스턴트들이 데이터를 정리해서 편집자에게 넘겨준다. 영화 편집의 첫 단계가 바로 이 '정리'라고 할 수 있다. 단순 작업처럼 보여도 사실 엄청 중요한 단계이다. 편집 소스는 화면과 소리가 따로따로여서 하나로 묶어야 한다. 파일마다 신 번호, 컷 번호, 테이크 번호를 매기고, 이걸 폴더별로 잘 정리해야 나중에 편집자가 수월하게 편집할 수 있다.

현장에서 스크립터가 기록한 자료도 정리해서 편집자에게 넘겨줘야 한다. 스크립터는 OK컷과 NG컷 기록을 함께 보낸다. 나는 둘 모두 확인한다. 현장에서는 분위기상 OK컷으로 분류됐어도, 막상 편집실에서 앞뒤 장면과 붙일 때 이따금 NG컷이 나올 때도 있기 때문이다. 촬영 영상을 모두 보고 영화의 흐름에 맞는 최고의 촬영본을 고르는 것이 편집자의 안목이다.

영화 촬영 기간 동안 편집자도 동시에 편집 작업을 진행하고, 촬영이 끝나고 열흘에서 2주 정도 후에 '편집 기사의 1차 편집본'이 나온다. 감독이 편집실에 나오는 것은 그때부터다. 감독과 함께 대략 3주 정도 함께 작업을 하면 '연출자와 합의 본 1차 편집본'이 나온다. 1차 편집본은 제작자나 투자자 등 영화 관계자들이 본다. 대개 3시간 30분 정도의 분량이다. 이제 이 편집본을 2시간 미만으로 줄여야 한다. 1차 편집본은 촬영분에서 하나도 빼지 않고 순서대로 작업한 것이어서, 이제부터는 빼는 신도 생기고, 한 시퀀스로 묶어서 교차편집이나 몽타주처럼 빨리 지나가게 만들기도 하고, 너무 설명이 길다 싶은 장면은 대폭 줄이기도 한다. 감독은 한 신, 한 컷을 공들여 찍기 때문에 모든 장면에 애정이 있고 잘라 내기 힘들어한다. 그렇기에 편집자의 결단력이 필요하다.

　연출자와 편집자가 오랜 시간 작업하다 보면 두 사람은 이미 편집본에 익숙해져 더할 것과 뺄 것의 경계가 모호할 때도 생긴다. "어, 우리는 괜찮은데, 처음 보는 사람에게는 이게 설명이 안 돼." 하는 식으로. 이럴 때는 새로운 눈이 필요하다. 그래서 다른 스태프의 의견도 들으면서 돌파구를 찾기도 한다. 사공이 많으면 배가 산으로 가기도 하지만 의견 수렴 과정에서 취할 것과 버릴 것을 잘 구분하면 크게 도움이 된다. 결국 모든 과정이 의견을 조율하고 다시 해 보는 것의 반복이다.

　영화 편집이 끝나면 블라인드 시사 혹은 모니터 시사를 한다. 제작사에서 영화에 아무런 정보가 없는 사람들에게 영화를 보여 주고 신 별로 점수를 매기게 하거나 직접 질문을 하기도 한다. 그 결과를 바탕으로 그래프와 데이터가 나오면 투자자가 편집에 피드백을 준다. 모니터 시사 결과에 따라 편집뿐만 아니라 마케팅, 개봉 시기까지 바뀔 수

:: 편집감독의 일터는 컴퓨터들과 모니터들이 있는 작은 공간이다. 영화 한 편이 만들어지는 치열한 현장이다.

있어서 부담이 크고 스트레스도 많이 받는다.

예전에 촬영과 편집을 필름으로 하던 시절에는 필름을 직접 잘라 가면서 편집을 했기 때문에 추후 편집을 수정하는 것 자체가 힘들었는데, 요즘은 디지털로 작업하다 보니 편집이 끝난 후에도 수정 요청이 들어오는 경우가 많다. 그러다 보니 영화 한 편을 끝내고 다른 작품 편집을 시작했는데 앞 영화의 편집 수정 요청이 들어와 어쩔 수 없이 밤잠을 줄여 가며 수정하기도 한다.

그래서 일부러 무리하게 일정을 잡지 않으려고 애쓴다. 나는 영화 편집 일을 하면서 '균형'을 가장 중요하게 생각한다. 직업으로 삼은 영화 일이 무척 즐겁지만 일 때문에 개인 시간이 너무 없거나 생활 리듬이 흐트러지는 것을 경계한다. 영화도 결국 사람이 하는 일인데 일을 하는 사람이 즐겁지 않으면 무슨 소용이 있겠는가.

편집자가 행복해야 영화도 잘 나온다

어렸을 때부터 영화 마니아였다. 대학에서도 영화를 전공했는데 이상하게 자꾸 다른 친구들 작품의 편집을 맡았다. 재미있었다. 원래는 영화를 전공하면서 글을 쓰려고 했다. 막상 해 보니 혼자 오래 일하는 성격이 못 되었다. 글은 혼자만의 싸움인데 편집은 함께 만들어 가는 과정이 매력적이었다.

편집자로 일하면서 처음에는 감독과의 협업이 재밌었다. 지금은 감독, 제작자, 투자 배급사까지 같이 만들어 가는 과정이 성격에 잘 맞는다. 편집 어시스턴트들과도 피드백을 주고받고 내가 편집한 장면을 다른 어시스턴트가 해 보도록 제안하기도 한다. 같은 장면도 편집하는 사람에 따라 느낌이 달라지기 때문에 의견 공유를 하는 것이다. 독불장군처럼 '내 편집이 최고'라고 고집하지 않고 함께 일하는 자체가 나와 잘 맞는다.

편집자는 작업 여건도 다른 영화 일보다 좋은 편이다. 촬영 스태프처럼 현장에서 고생할 일은 없다. 더운 날에는 에어컨을 켜 놓고 아이스커피를 마시면서 일하고, 추운 날에는 히터를 켜 놓고 따뜻한 커피를 마시면서 일할 수 있어서 좋다. 혼자 일하는 시간도 많지만 내 속도대로 작업할 수 있으니 그것도 큰 장점이다. 영화 편집자들 중에 밤새 작업하는 사람도 많다는데, 나는 컨디션에 맞게 효율적으로 일하는 스타일이다.

대개 아침 10시 반 출근시간보다 먼저 편집실에 나온다. 아침형 인간인데 잠도 별로 없어서 늦게까지 일한 다음 날도 일찍 일어난다. 나는 집중해서 일할 수 있는 시간이 6시간밖에 안 되고, 그 시간이 지나면 현저히 능률이 떨어진다. 그래서 저녁시간이나 주말에 밖에 나가서 개인 시간을 즐기고, 친구들을 만나고, 다른 취미생활을 하는 것이 굉장히 중요하다. 스스로 최고 컨디션을 유지하는 방법을 잘 아니까 일할 때는 집중해서 하고 나머지 시간도 나름대로 잘 보낼 수 있다.

내 장편영화 데뷔작은 〈내 머리 속의 지우개〉이다. 내가 교포 출신이라 미국에 있을 때 알던 〈달마야 놀자〉의 박철관 감독과 맺은 인연으로 박 감독의 후속 작품 편집을 하기로 하고 한국에 왔는데 그 영화가 엎어졌다. 어떡해야 하나 고민하던 중에 싸이더스 차승재 대표님이 새로운 시도를 한번 해 보자시면서 이재한 감독이 연출한 〈내 머리 속의 지우개〉의 편집을 맡겨 주셨다. 처음부터 메인 편집을 맡은 운 좋은 경우이긴 했는데 어시스턴트 없이 혼자 편집을 해야 해서 엄청나게 고생했다.

이 영화의 흥행 스코어가 괜찮아서 바로 다음 작품으로 장진 제작, 박광현 감독의 〈웰컴 투 동막골〉을 했다. 나는 이 영화에서 단역이지만 영어 대사가 있는 한국군 장교로 출연하기도 했다. 첫 장편영화 두 편이 잘되어서 계속 한국에서 편집기사로 일할 수 있는 상황이 됐다.

처음 영화들을 잘 만나서 편집이 쉽다는 착각을 하기도 했다. 그 뒤로 일을 하면 할수록 점점 더 편집을 쉽게 생각하면 안 된다는 것을 경험했다. 그렇지만 매번 새로운 연출자와 새로운 스토리를 가지고 영화를 만들어 가는 작업이 하면 할수록 더 매력적이고 재미있다.

일 년에 한 편 정도는 저예산 영화에 꼭 참여하려고 한다. 굳이 돈도 안 되는 저예산 영화를 하는 이유는 독립영화를 하는 사람들의 열정에 함께하는 것도 좋고, 제한된 소스로 편집하다 보면 내 크리에이티브를 많이 사용할 수 있어서이기도 하다.

:: 편집을 업으로 삼고 있지만 촬영에도 관심이 많아 실제로 연출과 촬영도 하고 있다. 활동적이고 즐겁게 사는 것이 좋은 편집으로 이어진다.

작품이 좋으면 다큐멘터리나 드라마도 가리지 않는 편이다. MBC 제작 다큐멘터리 〈안녕?! 오케스트라〉의 극장판 편집도 했고, 드라마 〈아테나: 전쟁의 여신〉, 〈아이리스2〉의 편집도 맡았다. 원래 호기심도 많고 새로운 도전을 즐기는 편이라 특별히 매체에 제한을 두지 않고 기회가 닿는 일을 해 보려고 한다. 최근에는 가수 솔비의 뮤직비디오 연출을 했는데, VR로 촬영해서 매우 재미있게 작업했다.

때로는 배우의 연기력까지 편집으로 높인다

영화 편집은 기본적으로 현장에서 보내 주는 촬영 소스를 받아 작업하기 때문에, 촬영 소스가 곧 요리 재료라고 보면 된다. 편집자는 이 재료를 가지고 좋은 요리를 만드는 것이다. 2013년에 〈설국열차〉로 대종상 편집상을 받았다. 내가 작업한 영화 중에 편집 과정이 그리 어렵지 않은 편이었다. 촬영을 워낙 잘했고 배우들도 훌륭했고 봉준호 감독님의 연출력도 뛰어나서 편집자로서는 좋은 재료로 요리를 하는 즐거움이 있었던 영화다. 이 영화가 흥행도 잘되고 작품성도 인정받고 편집으로 상까지 받아서 사람들이 많이 칭찬했지만, 좋은 촬영 소스가 좋은 편집의 기본이라는 단순한 명제가 딱 맞아떨어진 경우이다.

이와 반대로 2006년에 개봉한 〈호로비츠를 위하여〉는 촬영 소스의 미흡한 점을 편집에서 보완했다. 신의재라는 어린 남자아이와 엄정화 씨가 주연 배우였는데, 신의재 군이 영화의 피아노 연주 장면을 직접 소화할 만큼 피아노 실력은 수준급인 데 비해 연기는 처음이었다. 연기 경험이 전무한 상태에서 연기력이 뛰어난 엄정화 씨와 같이 등장하니, 어린 배우의 연기에 아무래도 아쉬운 장면이 많아 고민이었다. 하지만 이런 상황이야말로 편집자가 실력을 발휘할 때이다. 신의재 군의 연기가 다른 배우들과 어우러지도록 편집 과정에서 최대한 노력했고 그만큼 성취감이 컸다.

예전에 대학원생일 때 미드 〈CSI〉 편집기사님을 만나서 이야기를 나눈 적이 있다. "편집을 잘할 수 있는 방법이 무엇이냐?"라는 질문에 그는 "춤이나 음악을 배우면 도움이 된다."라고 대답했다. 그때는 그냥 '이게 무슨 소리야? 멋있어 보이는 말을 하는 건가?' 했는데 지금은 고개가 끄덕여진다.

편집은 리듬감이 있으면 좋다. 관객과 춤을 추는 것이라고 비유할 수도 있겠다. 관객을 끌어당겼다가 놓았다가 다시 잡았다가 놓았다가. 상대방을 배려하면서 즐길 줄 아는 것. 음악도 마찬가지다. 음치라서 노래는 잘 못 부르지만 편집 도중 쉬는 시간에 다양한 음악을 많이 듣는 편인데 도움이 꽤 된다.

좋은 편집자가 되기 위한 방법은 다양하겠지만, 무엇보다 시나리오에 대한 이해, 이야기에 대한 이해가 중요하다. 나는 편집을 하기 전에 시나리오를 쓰고 싶어서 시나리오 작법을 공부했다. 이야기의 메커닉, 영화 스토리의 시작, 그리고 훅(hook, 간결한 영화 콘셉트) 등을 알고 있으면 확실히 편집에 도움이 된다. 편집도 곧 이야기이기 때문이다. 그리고 영화인이 아닌 사람들도 많이 만나서 그 관계 속에서 새로운 아이디어와 영감을 얻는 것도 필요하다.

지금은 기술이 많이 발전해서 초저예산 영화나 4백억 예산으로 만든 〈설국열차〉나 편집 기계와 툴은 똑같다. 학생이 쓰는 개인 장비와 편집기사의 장비에 차이가 없다. 결국 편집은 아이디어 싸움이고, 크리에이티브의 차이이고, 이야기에 대한 이해도의 차이다.

한국영화가 해외 시장으로도 진출을 많이 하고 있고, 매체의 발달로 새로운 미디어도 많이 생겨나고 있기 때문에, 영화 편집업계의 전망은 좋을 것으로 예상한다. 관심과 열정이 있다면 충분히 도전해 볼 만한 분야이다.

(구술정리: 최은진)

02   특수효과

세상의 모든 영상이
VFX 스튜디오를 거쳐 간다

| 정성진 |

1972년생. 동국대학교 영상대학원에서 석사학위를 받았다. 〈올드보이〉, 〈괴물〉, 〈미녀는 괴로워〉, 〈국가대표〉, 〈미스터 고〉, 〈해적〉 등에 참여했다. 현재 덱스터 스튜디오 디지털 본부장으로 일한다. 제46회 대종상 영화제 영상기술상, 제34회 청룡영화상 기술상 등을 수상했다.

정신연령이 낮다는 말을 자주 듣는다. 아직까지 장난감, 일본 만화, RC(레이싱 카)를 정말 좋아한다. 어릴 때부터 관심이 있는 물건은 직접 만들어 보고 싶어서 컴퓨터도 뜯어 보고 고치고 했다. 대학도 미대를 갔다. 조소로 먹고살 궁리를 했는데 교수님이 "그러면 굶어 죽는다."라고 하셨다. 그래서 선택한 일이 컴퓨터 그래픽을 이용한 디자인.

제대하자마자 컴퓨터 디자인을 배워서 〈구미호〉를 작업한 친한 형님한테 연락했다. 그 뒤로 그분을 졸졸 따라다녔다. 그분 동료들에게도 형님이라고 부르면서 할 수 있는 일이라면 모두 했다. 무언가를 뚝딱뚝딱 만들어 내는 것은 자신이 있었다. 그러다가 영화를 좀 해 볼까 싶어서 대학 친구들이랑 무작정 회사부터 차렸다.

이오엔디지털필름스. 지금도 인터넷 검색을 하면 나오는 회사 이름이다. 같은 과 친구 세 명과 작업실을 구하고 사업자등록을 했다. 철없는 나이라 겁이 없었다. 처음에는 우리끼리 돈 벌어서 놀고먹자는 기대에서 출발했는데, 작업실 월세를 내고 차량 유지를 하다 보니 예상보다 돈이 많이 들었다. 그래서 온갖 아르바이트를 했다. 정말 사정이 급할 때는 서로 도와주기도 하면서. 난로에 기름도 못 넣어서 넷이 한 이불을 덮기도 했다.

가족들도 내가 하는 일이 뭔지 모른다

〈패자부활전〉, 〈박대박〉을 시작으로 영화판에 본격적으로 뛰어들었다. 그때는 CG라고 해 봐야 영화 한 편에 다섯 컷 정도에 불과했다. 공이 천천히 날아오게 하거나 공항에 사람이 없으면 머릿수를 늘리거나 하는 단순한 작업이었다. 당시 부모님은 내가 무슨 일을 하는지 이해를 못하셨다. 그런데 지금에 와서도 장인어른은 똑같은 질문을 하신다. "대체 무슨 일 하느냐?"라고.

그럴 법도 하다. 무엇보다 특수효과로 통칭하는 VFX(Visual Effects)의 범위가 매우 넓다. 시각 효과를 모두 아우른다. 우리나라는 VFX, CG, CGI를 엔딩 크레디트에 섞어 쓰는데, 정확히 말하면 우리가 하는 일은 CGI(Computer Generated Image)라고 하겠다. 영화팀에 VFX팀이 생긴 지가 얼마 안 되어서 구분이 좀 모호하다.

그전까지 우리나라 영화는 장르가 다양하지 않았고 영화산업 규모가 작았다. 영화판 안에서도 VFX에 대한 이해가 거의 없었고 촬영 도

중 필요하다 싶을 때 부르면 달려가는 식이었다. 내가 화면을 좀 보려고 감독 옆에 앉아 있으면 "얘 뭐야? 감독도 아닌 게." 하면서 무시하는 사람들도 많았다.

그러다가 2000년대에 박찬욱, 봉준호, 김지운 감독 등이 등장하면서 영화산업이 커졌다. VFX팀도 촬영 중간이 아니라 콘티 과정 혹은 초기 단계부터 같이 상의를 하게 되었다. 그 무렵 작업한 영화가 〈자귀모〉, 〈퇴마록〉, 〈태극기 휘날리며〉 등이다.

옛날에 나온 〈스타워즈〉 시리즈를 떠올려 보자. 광선검이 무척 어설프다. 그렇게 한 편, 두 편 영화 찍는 노하우가 쌓이면서 산업 수준으로 발전했다. 예전에는 시각 효과를 필름, 광학 기술로 해결했다. 필름을 복제한 다음 직접 손질해서 효과를 냈다. 그렇게 스크래치를 내면 필름이 쉽게 망가져서 필름 제작사들이 특수효과용 필름도 따로 만들었다. 컴퓨터가 없던 시절 이야기다. 앞서 말한 광선검도 그 결과물이다. 당시에는 그게 VFX였다.

그러다가 1970년대 말에 컴퓨터가 등장했다. 처음에는 타자나 치던 기계였는데 사람들이 그래픽과 연결하는 방법을 떠올리기 시작했다. 그 결과 나온 영화가 〈심연(The Abyss)〉, 〈터미네이터2〉 등이다. 맨손으로 만들고 직접 부수던 것을 컴퓨터 영역에서 해결하기 시작했다.

마침내 컴퓨터 그래픽의 새로운 전기를 맞이하는 영화가 등장한다. 〈쥬라기 공원〉이다. 예전 같았으면 공룡 인형을 만들어서 모터를 달고 사람이 조종했을 텐데, 이제는 공룡이 혼자 뛰어다녀도 사람이 보이지 않았다. 정말 센세이션이었다. 스탠 윈스턴이라는 굉장히 유명한 인형 로봇 제작자가 이 영화를 보고 "난 이제 굶어 죽겠구나."라고 했다.

그 후로 VFX가 컴퓨터 그래픽 기술공학을 연구해서 집중적으로 시

:: 사무실 안에서 컴퓨터와 함께 작업하면서 동시에 수많은 것을 컨트롤하는 것이 슈퍼바이저의 몫이다.

각 효과를 담당했다. 실사 같은 고릴라, 실사 같은 어벤져스, 실사 같은 슈퍼맨. 지금은 기술 수준이 높아져서 VFX의 부산물들이 영화를 뛰어넘어 산업 전반에 영향을 미치고 있다. 대표적인 것이 미국의 ILM 스튜디오이다. 이곳에는 컴퓨터 공학자들도 많고 연구개발도 활발히 이뤄지고 있다. 게임과 애니메이션 쪽에서도 VFX 스튜디오에 의뢰를 많이 한다. 세상의 모든 영상이 VFX 스튜디오의 연구 성과라도 해도 과장이 아닐 정도다.

VFX 없이는 영화 못 찍는 시대

이제 VFX팀은 영화 촬영에 필수적이다. 예를 들어 감독이 촬영 전에 "고양이가 나오는 멜로 영화야. 근데 고양이가 점점 커져."라고 말하는 순간 VFX 작업이 붙는다. 전체 제작비에서 VFX 비용이 절반을 차지하기도 한다. 〈배트맨 대 슈퍼맨: 저스티스의 시작〉은 제작비 2천억 원의 절반 이상을 VFX에 썼다. 이렇게 비용이 많이 드니 사전에 점검하고 의논하지 않을 수 없다. 예전에는 영화의 성공을 위해 VFX를 남용했는데 이제는 적정한 수준을 고려한다. VFX가 영화 예산의 발목을 잡게 할 수는 없기 때문이다.

내가 일하는 덱스터 스튜디오에는 VFX 슈퍼바이저가 10명 있는데 시나리오가 들어오면 각자 잘하는 장르를 담당한다. 시나리오를 보고, VFX를 어디서 효과적으로 쓸까 고민한 다음, 영상 콘티를 만들고, 세트를 어떻게 설치할지 짠다. 예를 들어 비 오는 날 다리 위에서 벌어지는 장면이면, 다리는 어디까지 실제로 만들어서 CG와 연결할 것인지, 비를 뿌릴 것인지, 바람은 어느 정도로 불게 할 것인지 등을 모두 직접 관리한다. 연출부도 그림이 어떻게 나올지 모르니 VFX 담당자의 말을 따라야 한다.

관객들은 어느 장면에 CG가 들어갔는지 구분하기 어렵다. 심지어 요즘은 마케팅 포인트도 바뀌었다. 옛날에는 '최신 기술 도입!'이라면서 CG 효과를 강조했는데 이제는 반대다. 〈매드맥스: 분노의 도로〉는 실제로 배우들이 몸으로 찍었다는 것을 강조한다. 백 퍼센트 믿을 수는 없지만, 사람들은 그 말에 기대감을 갖고 영화를 보러 간다. 내가 참여한 영화 〈퀵〉도 마케팅 포인트를 'CG 없다'로 잡았다. 오토바이를 실제로 타긴 했다. 하지만 많은 장면이 CG다. 블루스크린 앞에서 오토바이를 흔들면서 촬영했다.

영화 제작현장과 동떨어진 기술 인력

VFX팀은 포스트프로덕션 과정에서 감독과 친해지기도 하는데 그런 인연으로 만난 김용화 감독과 VFX와 영화 제작을 묶는 사업을 구상했다. 앞서 말한 덱스터 스튜디오로 현재는 상장회사이다. 스튜디오에는 아티스트들만 있는 것이 아니다. 절반 정도의 인원이 공학자들로 연구개발팀을 꾸리고 있다.

예를 들어 〈미스터 고〉에서는 털북숭이 고릴라가 샤워를 하고 이빨을 닦는다. 또 〈해적: 바다로 간 산적〉에서도 바다에서 벌어지는 장면을 디지털로 작업했다. 외국 기술이 아닌 우리가 직접 개발한 프로그램으로 만든 것이다.

현재는 할리우드와도 교류가 활발하다. 사실 공학개발 투자에는 비용이 많이 든다. 다행히 영화 제작과 결합해 비용도 절감되고, 시너지 효과를 낼 수 있었다. 요즘 중국 시장이 넓어져서 그쪽에서도 투자가 들어온다. 아시아 시장은 우리 스튜디오가 많이 맡고 있는데 최종 목표는 할리우드다.

VFX 산업에는 영화 관련 인력이 아닌 사람들도 많고, 작업도 영화 제작 현장과는 동떨어진 경우가 대부분이다. 우선 영상 하나를 만드는 데 분업화가 이루어진다. 가령 캐릭터를 위해 한 명은 투구, 한 명은 팔찌를 만든다. 팔찌를 만들어도 어느 쪽 팔에 끼는 팔찌인지 모르고 어떤 영화에 들어가는지도 모른다. 팔찌를 끼우는 장면도 작업자는 어디에 쓰이는지 알 수 없다. 모든 작업자에게 영화 편집본을 유출할 수는 없기 때문이다. 이렇게 따로 작업한 결과물을 합성팀이 최종적으로 마

:: 〈미스터 고〉 회의 장면. 고된 컴퓨터 작업과 반복되는 회의로 고릴라의 움직임과 모습이 점점 사실감 있어진다.

무리한다. 그러니 영화는 모르더라도 기술은 있어야 한다.

우리 스튜디오는 이따금 실력 있는 사람을 특별채용하기도 하지만 기본적으로는 공채로 뽑는다. 요즘은 멀티미디어학과 등에서 VFX를 접한 인력이 비교적 이 일에 가깝다. 관련 전공이 아니어도 상관이 없다. 공학을 공부한 뒤 그래픽을 하고 싶어서 오는 경우도 있다. 기술개발에 유리하다.

미국이나 캐나다에는 VFX 전공 학과도 많은데 우리나라는 아직 그 정도로 발전하지는 않았다. 그리고 관련 전공을 마쳐도 영화 쪽으로는 잘 오지 않는다. 게임 분야의 대우가 더 낫기 때문이다. 그렇지만 경력이 쌓일수록 영화 쪽 조건이 훨씬 좋다.

VFX의 전망은 밝다. 할리우드에서는 영화 한 편에 스태프가 몇 천 명이 투입되기도 한다. 우리 스튜디오에는 260명 정도가 근무하고 있다. 아시아에서는 매우 큰 편인데도 좋은 인재를 여전히 찾고 있다.

(구술정리 : 최희숙)

영화적 감성을 완성한다

| 이인규 |

경희대학교 기악과를 졸업하고 한양대학교 대학원에서 레코딩 아트를 전공했다. C-47 Post Studio의 사운드 슈퍼바이저이자 동아방송예술대 음향제작과 겸임교수. 〈비트〉, 〈8월의 크리스마스〉, 〈박하사탕〉, 〈살인의 추억〉, 〈달콤한 인생〉, 〈왕의 남자〉, 〈괴물〉, 〈악의 연대기〉 등의 사운드 디자인과 믹싱 작업을 했다.

영화는 시각적 요소와 청각적 요소를 결합하여 만드는 예술이다. 그리고 영화 사운드 디자이너는 포스트프로덕션에서 청각과 관련된 모든 작업을 담당하는 스태프이다. 배우의 대사부터 배경으로 깔리는 생활 소음, 빗소리, 자동차 소리 등 익숙한 소리도 있고, 현실에서 잘 들을 수 없는 총 소리, 대포 소리나 전혀 들을 수 없는 공룡 소리, 우주선 날아가는 소리까지 모든 소리를 현실감 있게, 때로는 상상력을 동원해서 만들어 삽입하고 다듬는다. 이렇게 만들어진 소리에 영화적인 감성을 덧입혀 관객의 마음을 움직이는 소리를 만드는 것이 영화 사운드 디자인이다.

연애하는 남자와 이별하는 남자는 발소리도 다르다

대체로 영화 한 편에서 사운드 작업 기간은 대략 4~6주 정도이다. 그중 2주는 사운드 소스 준비, 편집, 디자인 작업, 1주는 프리 믹싱(Pre-mixing), 1주는 파이널 믹싱(Final-mixing)을 한다.

첫 단계는 사운드 소스 준비, 편집, 디자인 작업. 영상에 들어가야 하는 모든 소리를 만들고, 말 그대로 화면에 맞게 편집, 디자인하는 과정이다. 소리를 만들 때에는 사운드 라이브러리(Sound Library)에 있는 여러 소리를 합성하거나, 프로세싱(Processing)해서 만든다. 라이브러리에 없는 소리는 별도로 화면에 맞추어 소리를 만드는 폴리(Foley) 작업 과정을 거쳐 녹음한다.

이 단계에서 중요한 것은 빗소리라고 하더라도, 멜로영화의 빗소리와 액션영화의 빗소리가 다른 감성을 가져야 한다는 점이다. 단순히 특정 소리가 잘 들리게 하는 일이 아니라는 것이 사운드 작업의 묘미이자 어려운 점이다. 발소리도 사랑 고백을 하러 가는 남자의 발소리와 방금 이별을 통보받은 남자의 발소리가 달라야 한다는 말이다. 모든 소리에 장면의 감성이 실리고, 그 작고 미묘한 차이로 관객의 영화 몰입도가 확연히 달라진다.

다음 단계로 믹싱은 사운드 소스 단계에서 만든 화면 속의 수많은 소리를 조화롭게 만드는 작업이다. 영화의 한 컷에도 대사, 사람과 사물의 효과음, 배경 소음 등이 있다. 각 소리에 알맞은 소리 크기를 부여하여 영화의 감성에 맞는 최적의 사운드 상태를 찾아내는 것이 믹싱 작업의 포인트다.

예를 들어 이 장면은 영화 내용을 설명하는 게 중요하니까 대사를 좀 더 잘 들리게 하자, 이 장면에서는 영화의 분위기를 좀 잡아야 하니까 음악을 좀 더 키우자, 이 장면은 더 자극적으로 관객에게 보여 줬으면 하니까 효과음을 크게 하자, 혹은 이 장면에서는 좀 더 판타지로 보여야 하니까 대사와 효과음에 에코를 더 넣자 등을 고민하고 조율한다.

사운드 작업은 여러 감독의 다양한 방식에 맞춘다. 2013년에 개봉한 〈끝까지 간다〉의 김성훈 감독은 사운드에 대한 이해가 높아서 작업이 굉장히 즐거웠다. 때로는 사운드 작업자보다 많은 아이디어를 내기도 했다. 액션 장면과 블랙코미디 장면의 장르적 특징과 긴장감을 살리고 싶어 해서 그 바탕에서 작업을 했다. 영화 사운드의 긴장감은 기본적으로 대비를 통해 표현한다. 작은 소리가 있어야 큰 소리가 더 잘 표현되고, 낮은 소리가 있어야 높은 소리가 부각되기 마련이다.

이 영화의 거의 마지막 신에 고건수(이선균)와 박창민(조진웅)이 집에서 싸우는 장면이 있다. 총의 방아쇠가 잘못 당겨져 총알이 어항을 관통한다. 이 장면을 어떻게 표현할까 의견이 분분했다. 나는 대비를 강조해야겠다는 생각이 들었다. 그래서 '탕' 하는 총소리는 짧고 크고 낮은 소리로, '쨍그랑' 하며 깨지는 어항 소리는 작고 높은 소리에 에코 처리를 길게 했다. 그렇게 총소리에 이어 어항 깨지는 소리의 에코가 길게 3, 4초 지속되고서 서서히 어항의 물 떨어지는 맑은 소리와 음 높이가 낮은 효과음 두 가지를 입혔다.

이런 작업은 현실과 영화적 상상을 가로지른다. '어, 저게 뚫고 갔는데 누가 맞았나?' '그냥 뚫고만 나간 건가?' '사람이 맞았다면 누가 맞은 거지?' 하는 궁금증을 일으키는 것이다. 현실이었다면 총소리가 너무 커서 어항 깨지는 소리는 잘 들리지 않을 것이다. 방이 좁아 에코

:: 〈끝까지 간다〉의 사운드 작업. 이 영화는 사실적이면서도 창의적인 사운드를 고민해서 만족할 만한 결과를 얻어 기억에 남는다.

효과도 있을 리 없다. 또 총이 격발된 직후에도 배경 소음과 물소리, 숨소리가 섞여서 났을 것이다. 이처럼 영화 사운드 디자이너는 여러 소리를 배열하고 선택해 장면에서 강조하려는 것을 최대치로 뽑아낸다.

기존의 사운드에 창의성을 입힌다

1997년부터 영화 사운드 디자이너로 일했다. 대학에서 클래식 음악을 전공하고 악보와 음악이론서를 만드는 출판사에서 잠시 일했는데 적성에 맞지 않아 그만두고 컴퓨터 음악을 시작했다. 컴퓨터 음악학원에서 3년 정도 강사생활을 하다가 친구, 선배 들과 음악 작업실을 열었다. 컴퓨터 음악을 할 때도 가요보다는 음악과 영상이 결합된 영화음악이나 드라마 음악에 관심이 많았다.

당시는 MTV를 통해서 뮤직비디오가 본격적으로 소개되고, 서태지와 아이들이 등장하면서 '보는 음악'이 폭발적으로 늘어난 시기였다. 단순히 듣는 음악보다는 영상 음악이 주목을 받을 것이라고 생각했다. 그래서 작업실을 하면서도 CF나 드라마 음악, 영상 음악 쪽을 기웃거렸다.

2년쯤 지나 작업실 운영이 힘들어졌을 때, 대학 선배가 영화 녹음실을 새로 시작하니 함께 일하자고 제안했다. 영화를 좋아했고 효과음 작업에도 관심이 많아서 고민할 필요가 없었다. 1997년부터 영화 사운드 스튜디오 '라이브톤'에서 사운드 디자이너로 출발했다. 컴퓨터 음악 작업실에서 영상에 삽입할 효과음을 만든 경험이 전부였는데 막상 일을 해 보니 성취감이 컸다.

영화에 넣는 소리는 비록 기존에 있는 소리를 가공하는 것이긴 해도 새롭고 창의적이었다. 직업에 대한 만족과 애착으로 세월 가는 줄 모르고 열심히 일에 매달렸다. 그러다가 2008년에 현재 일하고 있는 C-47 Post Studio가 문을 열어 자리를 옮겼다. 편집실, 녹음실, 색 보정실을 모두 운영하는 포스트프로덕션 전문업체이다.

첫 장편영화는 김성수 감독의 〈비트〉이다. 흥행에도 성공했지만, 한국영화의 다양성을 넓히는 데 큰 역할을 한 영화라서 애정이 남다르다. 당시에는 디지털이 아닌 필름이었다. 영화 한 편이 900컷 정도였는데 〈비트〉는 1500컷이 넘었다. 당연히 사운드 작업도 곱절이었다. 첫 작품이라 몇 차례 시행착오도 있었지만 작업을 무사히 마치고 좋은 평가를 받아 감독님도 만족했다.

〈비트〉 사운드 작업 중 기억에 남는 것은 영화 타이틀이다. 영화 사운드 디자인 작업을 끝내고 영화 도입부의 타이틀만 남겨 둔 상태. 그때만 해도 CG로 타이틀을 만드는 것이 드문 시절이었다. 다들 막연해했고 몇 개 만든 효과음을 감독님께 들려줘도 딱히 마음에 들어 하지 않아서 난감한 상황이었다. 그래서 예전의 CF 음악과 음향 작업 경험을 바탕으로 창의적인 아이디어가 들어간 사운드 만들기에 돌입했다.

타이틀 CG는 화면 오른쪽에서 영어 철자가 슉슉 날아와서 하나씩 중간에 멈추고, 마지막에 빛이 번쩍 하면서 효과가 한 번 더 들어가는 형태였다. 사운드 디자인의 여러 요소 중 하나는 '과장'이다. 사운드를 어떻게 과장해서 화면에 어울리게 만들지 고민했다. 글자가 날아와서 멈추니까 척척 소리가 어울릴 것 같았다. 문제는 어떤 사운드 소스를 넣어도 화면에 어울리지 않는다는 것이었다. 그래서 기관총 소리 몇 가지를 하나하나 자르고 조합한 후 프로세싱해서, '탕' 소리와 '철컥' 소리가 결합된 소리를 만들었다.

맨 끝에 빛이 한 번 번쩍 하는 것은, 영화 제목이 '비트(Beat)'니까 심장박동 소리로 구성하면 좋겠다 싶어 사운드 소스를 찾아봤는데 실제 심장박동 소리는 모두 약하게 느껴졌다. 그래서 폭발음을 넣기로 했다. '쾅' 하는 폭발음의 음높이를 아주 많이 낮추면 폭발음이 아니라 전혀 다른 소리로 변한다. 이 소리와 탱크의 대포 소리를 음높이를 낮춰서 조절하면 '쾅'이 아닌 '쿠쿵' 하는 느낌이 난다. 이렇게 프로세싱한 소리를 조합하여 들으면 심장이 강하게 뛰는 소리로 들린다.

이런 소리를 몇 개 조합하고 에코 효과를 줘서 타이틀 화면을 표현했다. '촉촉촉촉촉촉 찰칵 쿠쿵'. 감독님이 마음에 들어 하셨다. 10초도 채 안 되는 분량인데 한나절을 꼬박 작업했다. 영화 전체의 사운드 작업량이 많아서 정말 끝이 안 보였는데 결국 끝이 난, 그래서 성취감보

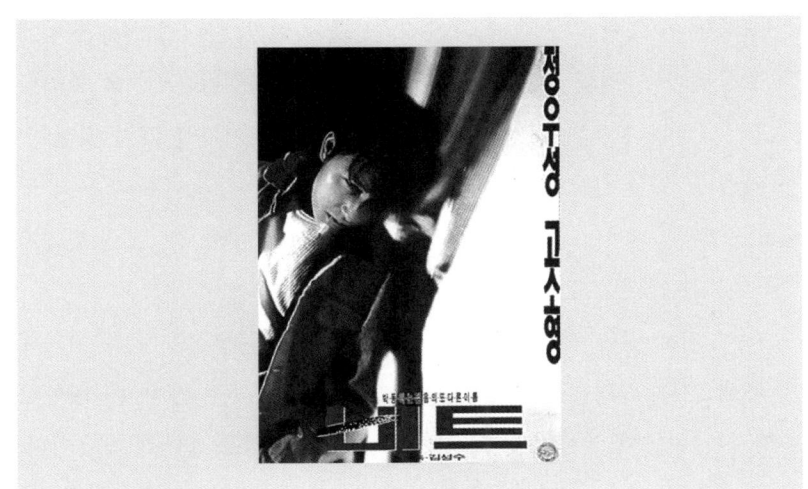

:: 〈비트〉는 한국영화의 다양성을 넓히는 데 큰 역할을 한 영화라서 애정이 남다르다.

다는 안도감이 더 컸던 첫 작품이다.

영화라는 큰 그림을 보는 통찰력이 필요하다

녹음실의 하루는 스튜디오마다 많이 다르다. 예전에는 밤새워 일한 적도 꽤 많았고, 연출부 스태프, 특히 감독들이 아침부터 와서 밤늦게까지 붙어 있기도 했는데, 요즘은 그런 곳이 거의 없다고 봐도 무방하다. 우리 스튜디오의 출근 시간은 10시 반이고, 퇴근 시간은 딱히 정해져 있지 않다. 일이 적으면 일찍 갈 수도 있고 일이 많으면 늦게 가기도 한다. 돌아보면 예전에 감독과 연출부 스태프가 녹음실에 계속 붙어 있었던 것은 서로 사운드 작업 경험이 적어서 작업 완성도를 못 미더워 했기 때문인 듯하다.

요즘에는 그런 경우가 거의 없고 필요할 때만 다녀가는데, 작업에 더 효율적이다. 영화 후반 작업에 사운드뿐만 아니라 CG, 색 보정도 있고, 그 밖에 점검해야 할 사항들이 예전보다 늘어나서 그런 것일 수도 있겠다. 사실 사운드 작업은 소스 준비와 편집 작업 때부터 들어 볼 필요는 없다. 마치 요리를 맛보려는 사람이 시장에서 장 보는 것까지 따라다니는 셈이랄까.

내가 처음 일을 시작할 때만 해도 주변의 아는 사람을 통해 취직해서 배워 가며 작업했는데 요즘은 내가 강의하는 동아방송예술대학교 음향과를 비롯해 영상원 등 관련 교육기관의 졸업생 중에서 채용한다. 영화 제작 과정이 예전보다 훨씬 복잡해서 기본 지식이 없는 상태에서 일을 시작하기가 어렵고, 매우 바쁘게 돌아가는 사운드 스튜디오에서 신입을 붙잡고 하나하나 가르칠 수도 없다. 공개채용으로 신입 직원을 뽑더라도 전문 교육기관에 공고를 내는 정도이다.

사운드 디자이너에 필요한 재능을 굳이 꼽자면 새로운 것에 대한 호기심과 결과물에 대한 끈기, 그리고 협업하는 감독 및 스태프와의 커뮤니케이션 능력을 들 수 있겠다. 음악적인 백그라운드가 있는 것이 도움이 많이 되긴 하지만 절대적이지는 않다. 엄청난 노력과 시간을 들여 사운드를 만들었다고 하더라도 감독의 연출의도와 맞추어야 한다. 그래서 설득해야 할 때는 설득하고 포기해야 할 때는 과감하게 포기할 줄 아는 판단력이 중요하다. 사운드에만 집중하기보다는 영화라는 큰 그림을 볼 줄 아는 통찰력이 '사운드 디자인이 훌륭한 영화'를 만든다.

지금까지 내가 참여한 영화는 180편이 훨씬 넘는다. 한국영화의 사운드가 엇비슷해 보일지 몰라도 영화마다 많은 차이점이 있다. 심지어 같은 감독이 연출한 영화나 비슷한 장르의 영화라 하더라도 추구했던 바에 따라 제각각인 것이다. '나를 통해 영화가 완성되어 가고 있구나.' 하는 생각이 들 때면 자부심과 성취감도 맛보지만 한편으로는 작품마다 아쉬움도 크다. 칭찬받은 작품이더라도 마찬가지다. 하지만 그런 아쉬움은 다음번에 더 좋은 결과를 만들어야겠다는 원동력이 되어서 아직까지 사운드 디자인의 매력에 빠져 지낸다.

(구술정리: 최은진)

작곡보다 영화 해석 능력이 먼저다

| 김태성 |

클래식 작곡을 전공했다. 〈안녕! 유에프오〉, 〈최종병기 활〉, 〈명량〉, 〈검은 사제들〉, 〈탐정 홍길동: 사라진 마을〉 등의 영화와 여러 드라마에 참여했다. 28회 한국영화평론가협회상 음악상 등을 수상했다.

흔히 음악감독을 음악을 만들어 영화에 집어넣는 직업이라고만 생각한다. 하지만 엄밀히 말해 그건 가장 기초적인 작업일 뿐이다. 음악감독은 영화에 들어가는 모든 음악을 총괄한다. 어디에 음악을 넣고 안 넣을지 계획하는 일부터 알맞은 음악을 선곡하고 만드는 일까지 모두 내 몫이다.

미국에서는 전체적인 음악 콘셉트와 방향을 잡는 슈퍼바이저, 음악을 편집하고 선곡하는 에디터, 직접 작곡을 하는 컴포저(composer)로 역할이 구분되어 있는데, 우리는 이 모든 일을 음악감독 한 사람이 담당한다.

3년 전까지는 나도 모든 작업을 혼자서 했다. 특히 저작권 문제가 엄격해서 기존 음악에서 고르면 비용이 엄청 들기 때문에 작곡도 직접 했다. 가끔 〈쎄시봉〉 같은 음악영화에 저작권료가 비싼 노래들이 왕창 나오면 부럽기도 한데, 대개는 별도로 음악 작업을 한다.

작업 제안이 들어와서 계약을 해도 현장 편집본이나 1차 편집본이 나오고 나서야 본격적인 작업에 들어간다. 시나리오를 보고 음악을 만들어 두면 편집에 따라 느낌이 완전히 달라지기 때문에 사용하지 못할 가능성이 높아서다. 그래서 그전까지는 전체적인 메인 테마만 구성하거나 영화에 맞는 소리를 채집하러 다닌다.

그리고 편집본이 나오면 거기에 맞게 편곡, 녹음, 믹싱 작업이 이어진다. 작업 기간은 후반 작업과 개봉 스케줄에 맞춰 빡빡하게 하는 편이다. 제대로 몰입하는 기간은 두 달 정도인데, 음악감독이 갑자기 바뀌어 보름 만에 끝낸 적도 있다.

자신의 욕구를 모두 반영할 수 없는 음악

모든 작업 제안을 받아들이지는 않는다. 유명한 음악감독 히사이시 조는 일을 선택할 때 세 가지를 고려한다고 한다. 의미, 재미, 돈. 나는 여기에 하나 더 고려한다. 나를 정말 원하느냐는 것. 음악은 사람에 따라 해석의 여지가 달라지기 때문에 의뢰자는 통제하겠다는 강박을 버려야 한다. 그러려면 신뢰 관계가 필요하다. 그래서 나는 나를 아주 많이 원하는 사람과 작업한다.

그렇다고 내 맘대로만 일할 수 있는 것은 아니다. 어쨌거나 다른 사람의 돈으로 음악을 만들기 때문에 내 욕구를 모두 반영할 수는 없다. 그래서 영화 속에 교묘히 내 욕구를 숨겨 놓을 때가 있다. 마치 게임

속 이스터에그처럼. 연출자 중에도 진짜 하고 싶은 이야기를 몰래 녹여 내는 경우가 있는데 나도 마찬가지다.

예를 들어 〈명량〉이나 〈검은 사제들〉의 연출 의도에는 세월호에 대한 추모가 들어 있고 나 역시 음악을 통해 추모의 마음을 담았다. 〈탐정 홍길동: 사라진 마을〉은 1980년대 초반 할리우드 블록버스터 영화의 추억을 떠올리며 만들었다. 이런 의도를 놓치지 않고 발견하는 사람들이 있다. 특히 평론가들이 그렇다. 평소 영화평론가들의 평을 유심히 보는데 이런 세세한 의도를 캐치하는 분들이 있다. 그럴 때 정말 기쁘고 고맙다.

물론 항상 보람만 느끼며 일하는 것은 아니다. 음악감독을 하면서 가장 힘든 점은 사람들에게서 상처를 받을 때가 많다는 것이다. 음악 하는 사람들은 영화뿐만 아니라 여러 가지로 할 수 있는 것이 많으니까 억지로 일을 맡기거나 재능기부를 강요하기도 한다. 대체로 기분 상하지 않게 일을 처리하지만 가끔은 하기 싫은 일을 해야 한다. 음악은 마음에서 우러나와야 하니 그럴 때는 정말 힘들다. 일 자체의 어려움도 있다. 쉽게 말해 모든 작업이 항상 밑바닥에서 새로 시작한다. 흥행한 영화의 성공 요인을 다른 영화에 그대로 적용할 수 없다. 영화가 다르고 장르가 다르면 매번 접근 방식이 달라야 한다.

체력도 정말 중요하다. 젊을 때는 몸 생각 안 하고 작업을 했는데 요즘은 걱정이 든다. 한번은 어떤 영화의 최종 믹싱이 일주일 남은 채로 작업 의뢰가 들어왔다. 일정이 너무 촉박해서 맡지 않으려고 했는데 제작사 대표가 새벽 2시에 찾아와서 살려 달라고 부탁해서 어쩔 수 없이 작업에 들어갔다. 일주일 동안 한숨도 못 자고 음악을 만들고는 개봉하자마자 한 달을 입원했다. 영화를 하다 죽는 것이 영화인들의 꿈

∷ 영화에 맞는 음악을 만들기 위해 작업실에서 수많은 시간을 보내야 한다. 밤을 새우는 것은 기본이고 병원 입원은 보너스이다.

이라지만 요절하기는 싫다.

누군가의 지시를 받아 남의 돈으로 일하니까 스트레스가 없을 수는 없다. 하루에 열두 번도 더 때려치우고 싶지만 내가 가장 좋아하는 일이기도 하다. 그래서 체력을 좀 관리하려고 생활 패턴을 바꾸고 있다. 특히 내가 롤 모델로 삼는 무라카미 하루키의 책을 읽으면서 힐링도 하고 삶의 태도도 본받으려고 한다.

"얘는 작곡을 시켜야 할 것 같습니다"

어릴 때부터 음악을 좋아했다. 초등학교 때 꾸준하게 다닌 학원도 피아노학원이 유일하다. 그런데 피아노학원에서도 주어진 음악만 치는 것이 싫었다. 몰래 음악을 만들어서 쳤다. 그러다가 선생님에게 들켰다. 선생님은 혼내지 않으시고 집으로 전화를 걸어서 "얘는 작곡을 시켜야 할 아이인 거 같습니다."라고 하셨다. 그렇게 작곡을 시작했고 중학교 때 교회 행사 같은 데서 음악을 만들면서 깨달았다. '아, 이게 내 일이구나.' 정말 좋아하고 할 줄 아는 것이 음악밖에 없었다.

그러다 중학교 때 단체 관람으로 〈미션〉을 봤다. 영화 내용은 기억하지 못해도 음악은 큰 감동으로 남았다. 엔리오 모리꼬네의 영화음악으로 새로운 세상에 눈을 떴다. 영화음악을 하려면 반드시 클래식 작곡을 공부해야 하는 줄 알고 음대에 진학했다. 하지만 학교는 열심히 다니지 않고 곧장 작업을 하고 싶어서 집에 컴퓨터 음악을 만들 수 있는 장비를 사 놓고 데모 CD를 만들었다. 그러고는 당시 한창 뜨던 K필름에 데모를 가져갔다. 그 데모가 다른 데로 돌고 돌아 영화 예고편을 만드는 곳에 들어갔고, 나한테 연락이 왔다.

그렇게 대학교 2학년 때부터 한국영화 예고편 음악 작업을 시작했고 여러 단편영화 작업을 했다. 미장센 영화제 1회에서 4회까지 모두 내가 작업한 영화가 상을 받았다. 그때 만난 분들이 김종관, 이수진 감독님 등이다. 또 명필름 로고 음악과 NEW 로고 음악도 만들었는데 요즘도 극장에서 들을 수 있다. 지금은 영역을 넓혀 드라마나 게임 쪽 음악까지 만든다.

지금 활동하는 음악감독 중에 내가 가장 어릴 것이다. 예고편 음악 작업을 할 때는 돈을 꽤 벌었다. 한 달에 많게는 네댓 개씩 했는데 편당 8백에서 천만 원을 받았다. 그런데 예고편 음악은 아무리 잘해도 내 음악이라는 생각이 들지 않는다. 본편의 음악감독이 만든 줄 알기 때문이다. "예고편 음악이 좋아서 OST를 샀는데 왜 들어 있지 않느냐?"라는

∷ 첫 장편 상업영화 〈안녕! 유에프오〉로 최연소 음악감독에 입봉했다.

고객의 문의 때문에 내가 작업한 예고편 음악이 OST에 실리기도 했다.

그래서 영화음악을 하기로 했다. 마침 〈안녕! 유에프오〉의 음악감독을 구하고 있었고, 모팩 스튜디오 장성호 대표님의 추천으로 상업영화에 입봉했다. 그때가 일을 시작한 지 2년 만으로 스물네 살이었다.

관객을 고려한 연출 마인드가 중요하다

입봉만 하면 만사가 순조로울 줄 알았는데 오히려 배고픈 시절이 찾아왔다. 이미 완성된 영화로 작업하던 예고편과는 달랐다. 2~3년의 노력이 물거품 되는 일이 빈번했다. 유명한 배우들이 출연하면 모두 흥행할 줄 알았는데 망하는 영화가 수두룩했다. 지금도 작품은 많이 하는데 영화판 사람들 대부분이 그렇듯 기대보다 수입이 넉넉하지 못하다. 그래도 이 일은 죽을 때까지 하고 싶다. 지난번 88회 아카데미 시상식에서 엔리오 모리꼬네가 음악상을 받았다. 그 나이가 되어도 계속 일을 하고 상을 받다니 정말 부러웠다.

영화음악 작업에서 가장 많이 하는 실수가 자신의 욕심으로 음악을 만드는 것이다. 나도 그런 적이 있다. 〈가루지기〉 음악 작업을 위해 불가리아까지 가서 엔리오 모리꼬네 스태프와 120인조 오케스트라에 합창단까지 썼다. 관객들은 야하고 웃긴 것을 기대했는데 난 내가 하고 싶은 음악을 만든 것이다. 영화가 흥행에 실패한 데에는 음악의 책임도 크다고 생각한다.

영화의 콘셉트를 오인하고 관객을 배제한 영화음악이 많다. 그런 음악은 독립영화에서나 가능한 일이다. 상업영화는 관객들의 기대를 충족시켜야 하는 의무가 있다. 영화음악감독들은 관객이 어떤 감정을 가지고 영화를 볼지 열심히 계획하고 계산하는 사람들이다. 한마디로 연출 마인드가 중요하다. 음악을 만들 줄 아는 것만으로는 부족하다. 달리 말해 지시를 받고 음악을 만드는 것과 아무것도 없는 상태에서 음악을 만드는 것의 차이다. 그러므로 영화를 분석하고 해석하는 능력이 먼저 필요하다. 작곡은 그다음이다.

예전에는 음악의 고유 영역을 인정해 줬고, 좋은 음악을 영화에 넣기만 해도 잘했다는 이야기를 들었다. 또 감독들이 자기가 좋아하는 아티스트들이랑 작업하는 경우도 많았다. 하지만 요즘은 그렇지 않다. 음악 작업에 따라 연출도 달라지고, 영화음악의 규모가 커져 시스템화하면서 점점 검증된 전문 영화음악감독만 찾는다.

그러다 보니 신규 인력의 진입장벽이 높아지고 문이 좁아졌다. 영화판에서도 영화음악이 가장 심한 듯하다. 현재 활발하게 활동하는 영화음악감독은 열 손가락으로 꼽을 정도다. 이런 상황이므로 음악감독이 되고 싶으면 도제 시스템으로 들어가야 한다. 우리 팀은 공채를 내지 않고 내 홈페이지에 하루 정도만 구인공고를 올린다. 좋은 시스템을 갖춘 음악감독 밑에서 영상의 호흡법이나 음악 하는 법을 배운 다음에 7~8년 정도 지나면 입봉 기회가 생긴다.

예술 계통이 대부분 그렇듯이 이 일에도 어느 정도 타고난 재능이 있어야 한다. 단순히 좋아한다고 되는 일이 아니다. 노력도 재능이 바탕이 되어야 한다. 그래서 사람을 뽑을 때 음악을 먼저 본다. 음악만 잘 만드는 사람은 많다. 그냥 음악이 아니라 영화에 붙인 음악을 듣는다. 영상에 쓰일 수 있는 음악을 만들어야 하기 때문이다.

지금은 1인 미디어 시대다. 콘텐츠는 더욱 폭발적으로 생산될 것이고 그에 맞는 음악이 필요할 것이다. 미디어 음악은 전망이 좋다. 미리 대비하고 준비하여 기회를 잡을 수 있기를 바란다.

(구술정리 : 최희숙)

4장

더 넓은 영화인의 세계

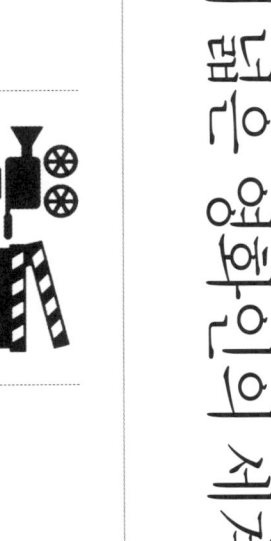

01 　　　　　　　　　　　　　　　　　　　　　　　　　　　　　배급

이 영화, 관객이 몇 명 들까?

| 문영우 |

1978년생. 고려대학교 일어일문학과를 졸업했다. 2005년 쇼박스 배급팀에 입사하여 현재 국내배급총괄 업무를 맡고 있다. 〈암살〉, 〈사도〉, 〈내부자들〉, 〈검사외전〉 등의 영화를 배급했다.

하나, 아는 체조차 할 수 없었던 영화 문외한

입사 초기에 사람들이 많이 물었다. "어떻게 영화사에 들어갔어?" "어쩌다 배급 일을 하게 됐어?" 번번이 대답하기 어려웠다. 대학 전공도 무관하고, 영화 동아리 활동을 한 것도 아니고, 영화감상이 취미도 아니었으니까. 원래는 신문기자를 꿈꿨는데 어느 날 영화사의 모집 공고를 보고는 '시나리오도 많이 읽고 리뷰도 많이 쓰니 좋겠다.'라는 단순한 생각으로 지원을 했다. 그렇게 입사한 영화사의 배급팀에서 일한 지 12년째이다.

합격을 기대하기도 어려웠다. 지원자들은 영화 관련 지식을 화려하게 뽐냈고 제목도 못 들어 본 영화 이야기를 풀어냈다. 나는 고작 천만

관객 영화를 재밌게 봤다고 말하는 수준이었다. 영화에 문외한이니 배급은 더더욱 미지의 세계였다. 어렴풋이 '영업'이나 '유통'과 관련된 일이라고 짐작해서 대인관계와 커뮤니케이션 능력이 좋다고 어필했다.

합격 후에 내가 어떻게 뽑혔는지 팀장님에게 물어본 적이 있다. 팀장님은 "영화에 대해 아는 체를 안 해서 좋았다."라고 하셨다. 돌이켜 보면 하얀 도화지 같은 영화 지식이 역설적으로 배급 일에 더 도움이 된 것 같다. 특별히 좋아하는 장르나 배우, 감독 없이 자연스럽게 관객의 눈으로 영화를 볼 수 있었으니까.

둘, 배급은 3D?

"외모가 딱 배급이네."

신입사원일 때 업계 선배들과 극장 관계자들에게 종종 듣던 말이다.(최근에도 〈사도〉 개봉을 앞두고 만난 이준익 감독님이 나를 처음 보고 한 말이다.)

업계에서는 우스갯소리로 배급을 '3D(dirty, delivery, drink) 업종'이라고 부른다. 연령과 지역을 초월한 극장 담당자들과 끊임없이 소통해야 하고, 업계 사람들과 술자리를 자주 가져야 하고, 개봉관에 시간과 장소를 불문하고 콘텐츠를 차질 없이 배달해야 하기 때문이다.

신입사원 시절, 봄이면 나이 지긋한 극장 어른들과 등산을 하고서 막걸리를 마시고, 가을이면 젊은 극장 관계자들과 멀리 버스를 타고 가서 대하를 먹던 기억이 있다. 그 시절에는 영화 시사 때 명함을 돌리고 저녁이면 술을 마시는 것이 주된 일과였다.

:: 매일, 매주, 매달 계속되는 배급 회의.

배급 업무가 생소한 친구들은 아직도 나를 '업무 시간에 한가롭게 영화 보고 저녁이면 술만 마시는 아주 팔자 좋은 월급쟁이'로 알고 있다. 왠지 제작, 투자, 마케팅과는 동떨어진 영화 업무처럼 보는 것이다. '배급업자'라는 말도 괜히 '음지에서 일하고 음지를 지향할 것 같은' 느낌이다.

배급팀 신입사원은 '덩치 좋고, 넉살 좋고, 술 잘 마시는 남자'라는 선입견이 있다('외모가 배급이다'라는 말과 '외모가 마케팅이다'라는 말을 비교해 보자. 어느 쪽이 '잘생김'과 무관한지 단박에 느낄 수 있다). 정말이지 선입견일 뿐이다. 내가 팀장이 되고서 처음 뽑은 팀원은 술을 거의 마시지 못하는 여성이다. 배급 일도 변화하고 있고 3D 업무로 넘겨짚을 수 없는 매력이 있다.

셋, "몇 만 할 거 같니?"

입사일에 그즈음 개봉한 영화를 보고 출근하라는 지시를 받았다. '영화사는 영화도 보고 돈도 버니 참 행복하구나.' 하며 즐겁게 영화를 보고 첫 출근을 했다.

"몇 만 할 거 같니?"

팀장님이 대뜸 물었다. 머릿속이 하얘졌다. 관객 수에 대한 개념 자체가 없었다. "아주 잘될 거 같습니다."라고 답했다가 혼이 났다. 지금은 수도 없이 영화를 보고, 시사를 하고, 서로에게 묻는 흔하디흔한 질문이다. 배급에서 가장 중요한 것은 영화의 관객 수이다.

영화 배급은 무엇일까? 좁은 의미로는 '제작된 영화를 일반 상영관에 공급하는 유통 과정'이라 할 수 있고, 넓은 의미로는 '제작된 영화를 매출이 일어날 수 있는 창구에 유통시키는 과정'이라고 할 수 있다. 하지만 이런 딱딱한 설명을 밀쳐두고 한마디로 표현하자면 배급은 "그 영화로 돈을 얼마나 벌 수 있는가?"라는 질문에 답을 찾는 과정이다.

그래서 배급을 하는 사람들에게는 감독의 연출, 배우의 연기 등에 대한 평가보다 '이 영화는 몇 만 할 거 같다'는 판단이 중요하고 궁금하다. 영화는 물론 '문화'이고 '예술'이지만 배급은 '상업'으로 영화를 본다.

넷, 낙장불입(落張不入)

그렇다면 배급은 왜 중요할까. 배급은 '지금까지 투입된 재원(제작비, 마케팅비)을 회수할 수 있는지 판가름하는 가장 마지막 단계이자,

가장 중요한 단계'이다. 약간 과장해서 말하자면, 영화는 잘못 찍으면 재촬영을 하거나 편집을 하거나 음악을 바꾸거나 할 수 있다. 배급은 '다시 물릴 수 없다'는 것에 그 중요성과 치명적인 매력을 지니고 있다.

마케팅에서도 여러 상황에 따라 콘셉트를 바꿀 수 있다. 하지만 배급은 개봉을 하고 관객 수가 저조하면 돌이킬 수 없다. 수백 명의 땀과 노력, 수십억이 투자된 영화의 운명이 단 한 번의 시행으로 판가름 난다. 마치 잔인한 확률 게임으로 '도박'을 하는 심정이다. 그리고 이것이 영화 배급의 중요성과 매력이다.

다섯, 사칙연산을 모르면 미적분은 풀 수 없다

앞서 말한 것처럼 배급은 콘텐츠의 상업적 가치를 최대한으로 구현하는 일이라서 극장 배급부터 IPTV, 다운로드, 케이블TV, 공중파TV 등 콘텐츠로 매출을 일으킬 수 있는 창구(window)에 유통하는 것이 핵심 업무이다. 배급팀 업무가 투자기획팀이나 마케팅팀의 업무와 가장 다른 점은 '영화별 담당이 없다'는 점이다. 즉 배급팀의 모든 업무는 유기적으로 연관되어 있다. 그래서 경험이 중요하다.

지금은 영화통합전산망이 잘 갖춰져서 자사 영화와 타사 영화의 스코어를 매일 확인할 수 있지만, 내가 신입일 때만 해도 각 배급사가 집계한 것을 발표하고 공유했다. 스코어 집계는 배급팀 막내의 주요 업무였다. 나도 3년 정도 비가 오나 눈이 오나, 휴일이나 명절에나, 매일매일 아침에 스코어 집계를 하고, 회사와 타사에 공유를 했다.

2006년 여름에 〈괴물〉이 개봉했을 때 있었던 일이다. 주말 아침부

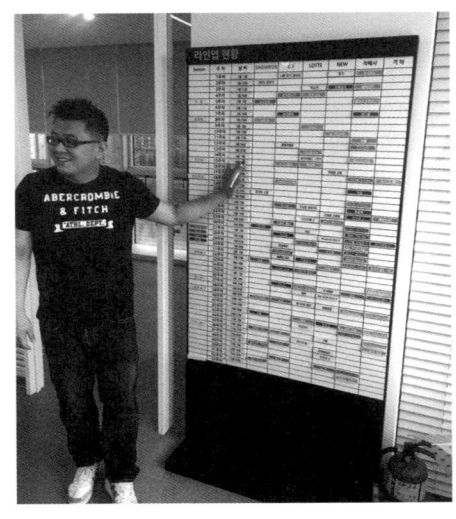

:: 영화 배급은 일 년 농사다. 일 년 동안의 라인업을 영화별, 배급사별로 정리해서 배급 시기와 방법을 연구한다.

터 홍보팀에서 스코어 집계가 언제 되느냐며 전화가 오고 난리가 났다. 스코어 집계를 몇 번이나 확인하고서 회사 대표님과 관계자에게 문자로 발송했는데 곧장 대표님이 전화를 해서는 "이 스코어 맞아? 틀리면 각오해."라고 하셔서 '틀리면 회사 잘리겠구나.' 생각하며 전전긍긍했다. 당시 최단 기간 천만 관객이 빚어낸 에피소드이다.

스코어 집계는 단순하고 반복적이어서 가끔 짜증 나고 지치기도 한다. 하지만 어느 날 돌이켜 보니 그 경험이 업무의 기초가 되었다. 마치 미적분 문제를 푸는 데 사칙연산이 기본 중의 기본인 것처럼.

여섯, 배급과 극장: 네가 변하면 나도 변할 수밖에

한국영화의 매출 구조는 '극장 : 극장 이외 = 8.5~8 : 1.5~2' 정도로

(상업영화 기준, 극장 이외는 IPTV 등 소위 '부가판권') 극장 매출이 가장 중요하다. 따라서 배급팀에 가장 중요하고 소중하고 애증 또한 점철된 고객이 극장이고, 배급 업무는 극장 환경의 변화에 따라간다.

불과 10년 전만 해도 주말에 영화를 한 편 보려고 하면 멀티플렉스가 아니더라도 동네 가까운 곳에 극장이 꽤 있었다. 달리 말해서 당시 배급팀에는 거래처(극장)가 많았고 담당자(극장 프로그래밍 담당자)도 많았다. 매주 영화가 개봉하기 전에 담당자들과 자사 영화 배급을 협의하고 설득한다. 때로 다투면 술 한잔하며 풀기도 하면서.

또 디지털 콘텐츠가 없고 필름만 있었으니 개봉 직후 영화가 흥행하면 극장에서 "필름 한 벌 더 주세요." 하고 요청하는데, "필름 없습니다."라고 대답하면서 희열을 느낀 적도 많았다. 이밖에도 '필름을 빼네 마네' 하면서 극장과 싸우는 일도 아주 드물지는 않았다. 그러다 보니 당시 배급은 '술도 적당히 먹고, 넉살도 좋고, 전투력도 좋은' 사람이 최적이었다. 당연히 배급사별로 '배급 파워'도 달랐다. 배급사가 필름 벌수를 통제할 수 있었고, 향후 개봉 예정작(라인업)으로 여러 극장과의 협상에서 협상력을 높여 갈 수 있었다.

하지만 지금은(2013년 6월 무렵부터) 배급사가 각 극장에 오직 디지털로만 콘텐츠를 공급하고, 멀티플렉스 3사의 극장 매출이 99퍼센트를 상회한다. 아무리 술 잘 먹고 넉살 좋고 전투력이 좋아도 배급을 잘 할 수 없는 환경이다. 거대해진 멀티플렉스 3사에 배급사가 협상력을 가지는 것도 어려워졌고, 디지털 배급으로 흥행 여부에 따른 스크린 확장과 축소를 통제하거나 협의하기 힘들다(물리적 환경의 제약이 없어졌기 때문에). 이렇듯 배급사가 멀티플렉스에 의존하는 경향이 심해졌다. 우스갯소리로 이렇게 말하기도 한다.

"( )는 미국이다. 혈맹이지만 믿을 수 없다. ( )는 중국이다. 초강대국인 건 인정하는데 도무지 종잡을 수 없다. ( )는 일본이다. 가깝고도 멀다."

배급사는 한국이고 멀티플렉스는 전부 강대국이다. 그러니 늘 멀티플렉스 눈치를 볼 수밖에 없고 그 사이에서 외줄타기를 하는 심정이다. 멀티플렉스에 의존할 수밖에 없으면, 배급팀은 콘텐츠를 극장에 'delivery' 하는 것이 전부일까? 배급팀은 이런 환경에서 어떤 역할을 수행해야 할까? 바로 '데이팅(Dating, 개봉일 전략)'이 배급팀의 핵심적이고 중요한 역할이 된다.

일곱, 데이팅: 전략적 판단, 전술적 행동

쉽게 비유를 들어 보자. A라는 나라와 B라는 나라가 있고, A에서 B로 가는 길은 하나밖에 없다. 그리고 그 길 중간에 '난공불락'의 요새가 있다. A에서 B로 가기 위해 이 요새를 불철주야 공격하면 어떻게 될까? 당연히 난공불락이니 공격하는 쪽 피해만 늘어날 것이다. 그러면 어떤 방법을 강구해야 할까? 다른 길을 하나 만들면 된다. 그러면 전술적으로 '난공불락' 요새의 전략적 가치는 0이 된다(요새는 파리만 날릴 것이다). '데이팅'의 핵심은 여기에 있다.

앞에서 말한 대로 지금의 배급 환경은 배급사가 극장에 의존할 수밖에 없는 구조이고, 극장은 멀티플렉스 3사가 거의 전부이다. 배급사가 멀티플렉스와 자사 영화 배급을 가지고 싸우기만 해서는 백전백패한다는 뜻이다. 데이팅은 전술적으로 멀티플렉스의 아주 높은 가치를 전략적으로 낮추는 작업이라고 할 수 있다. 영화의 사전 분위기(마케팅)를 잘 세우고, 경쟁 상황 및 자사 영화를 잘 고려해서 개봉일을 잡아 배급하는 것이 현대 배급 환경에서 핵심이 되는 것이다.

데이팅 업무는 비단 극장 개봉 시에만 중요한 것이 아니다. 극장 개봉 후에 IPTV 등 부가판권 배급 날짜를 정할 때도 마찬가지다. 데이팅 업무를 위해서는 무엇보다 자사 영화와 타사 영화 그리고 경쟁상황 등을 객관화하는 작업이 필수적이다. 그래서 요즘 배급에서는 '영화 데이터'에 대한 중요성이 대두되고 있다(요즘 사회 전반에 유행하는 '빅데이터'도 있지만, 영화 데이터는 '빅데이터'라고 하기에 표본이 상당히 적다). 숫자에 대한 감각이 배급에서 굉장히 중요해졌다고 볼 수 있다.

물론 "데이터는 비키니와 같다. 많은 것을 보여 주지만, 모든 것을 보여 주진 않는다."라는 말처럼 데이터가 영화의 모든 것을 설명할 수는 없다. 하지만 영화에 대한 뜨거운 열정과 감각만큼이나 차가운 이성으로 영화를 수치적으로 객관화하는 과정도 배급인에게 매우 중요해졌다.

여덟, 배급으로 영화를 보는 눈을 갖다

아직도 배급을 배우고 있다. 하면 할수록 더 어렵게 느껴진다. 하지만 배급 업무로 경력을 쌓은 것은 만족스럽다. 배급팀은 늘 영화시장에 대한 이해, 상업영화의 가치에 대한 고민 등을 할 수밖에 없다. 영화를 객관적으로, 관객의 눈으로 보려는 노력은 내가 향후에 어떤 영화 업무를 하더라도 중요한 자산이 될 것이다.

나는 배급 일을 사랑하고 자부심도 있다. 영화의 흥행에 따라 희로애락을 느끼기도 하지만, 어느 영화이든 개봉 전에는 늘 떨린다. 아무리 경험이 많아도 마찬가지다. 그 떨리는 마음이 근무연차가 쌓이고 배급하는 영화 편수가 쌓여도 이 일에 열정을 쏟는 동력이 된다.

02   마케팅

개봉 전에
관객의 마음을 훔친다

| 김종애 |

1975년생. 숭실대학교 경제학과를 졸업했다. 15년 동안 영화홍보 마케터로 일했고 제작사 MK 픽처스, 투자배급사 N.E.W. 등을 거치며 〈우리 생애 최고의 순간〉, 〈마더〉, 〈군도: 민란의 시대〉 등의 영화에 참여했다. 2016년 플래닛 창립 후 〈봉이 김선달〉, 〈겟 아웃〉, 〈보스 베이비〉 등을 마케팅했다. 현재 플래닛 대표.

직업란에 '영화 마케터'라고 적으면, 열에 아홉은 어김없이 "영화 마케터? 배우도 직접 만나요? 아무개 감독 알아요?" 하고 묻는다. 그래서 낯을 가리고 새로운 사람과 말을 섞기 싫어하는 나는 언제부턴가 그냥 '회사원'이라 적을 때가 많다.

사람을 많이 만나고 함께 일해야 하는 직업에는 맞지 않는 성격인데도 계속 영화 마케터로 사는 것은 '영화만큼이나 재미있는 예측 불가능한 신세계'이기 때문이다. 이 직업은 어느 분야보다 다양한 능력을 갖추어야 한다. 단언컨대 7년 이상 영화 마케터로 일하며 인정받았다면 어느 분야로 업종을 변경하더라도 금방 두각을 나타낼 수 있을 것이다.

영화 마케터 지원자 중 열에 아홉은 이른바 간지(?)나는 일이라고 짐작한다. 간혹 영화나 드라마에 나오는 영화 마케터의 모습도 고급스러운 사무실에 멋진 의상을 차려입은 멋진 여성들이니 깜빡 속을 만도 하다.

그래서 사원 채용 면접 초반에 "본인이 센스 있다고 생각해요?" "글 잘 써요?" "어떤 장르 영화 좋아해요?" 하는 질문에 적극적인 자세로 답하던 면접자들이 "우리는 3D 업종이에요."라는 말을 시작으로 "배우를 만나고 배우와 일하죠. 하지만 마실 거 날라야 해요. 출퇴근 시간은 있지만 야근이 많아서 개인 생활은 거의 없어요." 같은 현실적인 이야기를 해 주면 눈이 동그래지면서 목소리가 작아지기도 한다.

설령 이 모든 것을 감수할 수 있다며 일을 시작해도 밥 먹듯이 계속되는 야근과 기대와 다른 비루한 현실을 이겨 내지 못하고 결국 다른 분야의 홍보팀 등으로 이직하는 경우가 많다. 유명 배우와 감독과 만나서 함께하는 일도 많으니 어쩌면 화려해 보일 수도 있지만 그런 기대만으로 관심을 갖고 있다면 일찌감치 생각을 접으라고 조언하고 싶다.

관객이 개봉 전에 접하는 모든 홍보

영화 마케터는 무슨 일을 하는 사람일까? 지금도 주말이면 다양한 영화들이 여러 편씩 개봉해서 관객들과 만난다. 영화 마케터는 자신이 담당한 영화가 시작할 때부터 개봉할 때까지 관객의 마음을 사로잡기 위한 온갖 일을 한다. 한국영화라면 제작 전 캐스팅 단계부터 마케팅이 참여한다.

캐스팅이 결정되면 캐스팅 내용을 기자들에게 전달하기 위해 보도자료를 쓰고 온라인 대행사를 통해 웹으로 디자인해 메일로 발송한다. 보도자료는 어떤 카피로 내용을 표현할지부터 본문 내용까지 고민해야 하는 것은 물론, 혹시라도 단독 기사가 나가지 않게 보안 유지까지 신경 써야 한다.

보도자료 발송 후에는 가급적 많은 매체에서 기사가 나도록 언론 매체 관리를 해야 하고, 크랭크 인과 크랭크 업 기간에는 현장에서 메이킹과 스틸이 잘 촬영되고 있는지 챙긴다. 스틸과 메이킹은 개봉을 앞두고 캐릭터 영상이나 제작기 영상 등의 이름으로 편집하여 홍보에 활용한다. 현장에서 배우들이 보여 준 연기뿐 아니라 촬영 현장 뒷이야기도 전달할 수 있는 매우 소중한 자료다.

개봉일이 정해지기 전까지 마케터는 자신이 맡은 영화가 앞으로 관객들에게 어떻게 보이는 것이 최선일지 고민한다. 작품의 본질을 잘 파악해야 한다. 작품의 단점은 되도록 감추고 장점은 부각할 수 있는 방법을 찾는다. 같은 영화를 두고도 누군가는 드라마라고 하고, 누군가는 스릴러라고 하고, 누군가는 서스펜스라고 할 수 있다. 마케터에 따라 전혀 다른 장르로 둔갑하는 것이다.

작품의 콘셉트를 정했다면 영화의 첫 이미지라고 할 수 있는 포스터와 예고편의 방향을 잡는다. 영화를 간단한 카피와 단 하나의 이미지로 표현할 수 있는 포스터, 그리고 1~2분 정도의 짧은 시간 동안 영화가 보여 주고자 하는 이미지를 추린 예고편은 마케터들이 가장 공을 들이는 부분이기도 하다.

예고편과 포스터가 정해지면 각종 온라인 포털에 알리고, 보도자료로 기사화하고, 배급팀을 통해 극장에 공개한다. 개봉 한 달 전에는 언

∷ 〈봉이 김선달〉 개봉 전에 삼청동의 카페에서 배우 유승호의 인터뷰를 준비하고 있다.

론 매체를 상대로 제작보고회를 열어 영화의 포스터와 예고편은 물론 그간 제작된 영상과 스틸을 제공하고 배우들의 입을 통해 영화를 소개한다. 마케터는 제작보고회의 모든 일에 책임을 진다. 상영되는 영상의 콘셉트를 정하고 시안을 확인하는 것은 물론 사회자와 배우의 멘트 등 제작보고회 대본을 작성하는 것도 마케터의 일이다.

한때 제작보고회 사회자는 영화 콘셉트에 따라 섭외했는데 최근에는 이변이 없는 한 박경림 씨에게 맡긴다. 제작보고회에 임하는 자세가 남다르기 때문이다. 본인이 사회를 맡은 영화의 관련 영상을 사전에 숙지하는 것은 물론, 배우들과 친분도 좋고, 타고난 센스로 적재적소에 과하지 않은 애드리브를 쳐서 제작보고회 분위기를 풀어 준다.

제작보고회 후에는 영화의 규모에 따라 쇼 케이스나 특별 이벤트가 진행되기도 한다. 특히 규모 있는 영화일수록 쇼 케이스나 특별 이벤트는 없어서는 안 될 중요한 홍보 수단이다. 이 행사를 통해 수많은 예비 관객들과 스킨십을 하고, 행사에 참석하는 수많은 사진기자들을 통해 영화를 알리는 기회를 얻는다.

이렇게 눈에 보이는 일 외에 예능 프로그램에 배우들이 출연해 영화를 홍보하는 경우도 있다. 마케터가 방송작가와 협의해서 진행하는 일이다. 이왕이면 배우의 이미지가 흐트러지지 않는 선에서 영화의 콘셉트를 자연스럽게 예능에 녹여야 하기 때문에 자연스레 마케터와 방송작가가 보이지 않는 신경전을 벌인다. 방송 출연에서 가장 주의해야 할 점은 예상치 못한 말실수 같은 것이다. 최대한 평정심을 유지하며 솔직하게 말해야 혹여나 있을 사고를 미연에 방지할 수 있다.

잇따라서 개봉 전 언론 시사회, 배우의 지인들을 초대하는 VIP 시사회, 배우 인터뷰 진행, 개봉 주간의 무대인사 등 관객이 극장에서 영화를 보기 직전까지 접할 수 있는 영화 홍보의 모든 것이 영화 마케팅 업무이다.

'월화수목금금금'에 문장력, 체력, 센스는 기본

따라서 영화 마케터는 기본적으로 논리적인 글쓰기 능력을 갖춰야 한다. 보도자료를 쓸 때 전달하려는 내용을 팩트에 입각해 간결하고 정확하게 전달해야 하기 때문이다. 신입 마케터를 뽑으면 하루에도 여러 건의 보도자료를 작성하는 훈련을 시킨다.

채용을 할 때도 어떤 업종보다 자기소개서를 중요하게 본다. 문장력, 어휘력은 물론 맞춤법까지 두루 정확하게 살핀다. 글을 잘 쓰면 영화 마케팅 업무에 적응하기가 쉽다. 간혹 기본적인 문장 구사력조차 갖추지 못한 사람이 입사해서는 보도자료 작성 훈련에 지쳐 일을 제대로 배워 보지도 못하고 퇴사하는 경우가 있다.

글쓰기 능력과 함께 말하기 능력, 즉 커뮤니케이션 능력도 영화 마케팅 업무에 중요하다. 기자, 작가, 배우, 혹은 매니저에게 영화의 장단점과 마케팅 방향을 정확하게 전달해야 하기 때문이다. 같은 말도 친절하고 설득력 있게 전달하는 스킬이 필요하다.

여기에 한 우물을 파는 근성과 이를 뒷받침하는 체력을 갖추었다면 장차 눈에 띄는 영화 마케터가 될 것이다. 한 가지 능력을 더 덧붙이자면 바로 센스이다. 어느 정도 타고난 능력이긴 한데, 분위기 파악 잘하고 눈치가 있어서 '과연 이 상황에서 이런 얘기를 해도 되는 타이밍인지' '이런 상황이면, 이런 것이 필요하지 않을지' 본능적으로 잡아내는 것이 센스이다. 센스까지 갖춘다면 그야말로 영화 마케터로서는 더할 나위 없이 좋은 기질을 갖췄다고 볼 수 있다.

앞에서 영화 마케팅이 3D 업종이라고 했으니 좀 편하게 이야기해 보자. 영화 마케터는 일반 회사원들과 달리 연차 계획을 미리 세워 두고 쉬는 것이 거의 불가능하다. 일단 영화가 개봉하면 개봉하는 주간과 개봉 2주차는 버스를 대절해 감독과 배우가 함께 무대인사를 다닌다. 대개 한 주는 서울, 경기로 다른 한 주는 부산, 대구로 다니는데 겉보기에는 배우와 함께 같은 버스를 타고 이동을 하니 가슴이 두근거리고 즐거울 것 같지만 현실은 다르다.

무대인사 일정은 대개 하루에 10타임 이상으로 꽉 짜여 있다. 버스에 타기 바쁘게 내리고 무대인사를 따라다니는 다람쥐 쳇바퀴 같은 일정이 반복되면 누구라도 지친다. 그나마 부산은 특유의 분위기로 무대인사를 마치고 회식을 하며 즐기기도 하지만, 대개는 무대인사 끝에 모

:: 〈봉이 김선달〉 개봉 전 인터뷰 일정을 조율하고 언론 기사를 체크하고 있다.

두 녹초가 되어 밥만 먹고 헤어지기 바쁘다. 물론 영화가 잘되어 객석을 가득 채운 관객이 뜨겁게 환호하는 무대인사는 모든 스태프에게 더할 나위 없는 기쁨이며 자양강장제이다.

무대인사 이외에도 영화 특성에 따라 극장 이벤트나 번화가에서의 관객 스킨십 이벤트가 휴일에 진행되기도 한다. 여기에 영화 홍보를 위한 방송 일정이라도 잡히면 그야말로 '월화수목금금금'이 된다. 게다가 주로 접촉하는 기자, 매니저, 방송작가 들은 평일에 쉬고 주말에 일하는 경우가 많아서 샤워할 때를 제외하고는 손에서 핸드폰이 떨어질 틈이 없다. 정말 영화가 좋아서 도전한 경우가 아니라면 휴일과 개인 생활이 없는 일상에 지칠 수도 있다.

잘되면 작품 덕, 안되면 마케팅 탓?

어떤 작품이 흥행을 하면 꼭 들리는 말이 있다. "영화가 재미있었지!" "주연 배우가 좋았어." "그 감독 작품이라면 믿을 만하지." 그러나 "마케팅을 정말 잘해서 보고 싶었던 것 같아."라는 말은 들어 본 적이 없다. 가뭄에 콩 나듯 작품에 비해 마케팅이 돋보여서 개봉 첫 주에 관객의 선택을 받았는데 2주차에 관객 수가 훅 떨어지면, 그때는 "마케팅을 잘했다."가 아닌 "낚였다!"라고 표현한다.

당연히 잘되면 작품 덕이지만, 마케팅 덕에 200만으로 끝날 영화가 240만이 된다던지, 350만에 그칠 영화가 500만까지 가는 경우도 있다. 마케팅 덕에 잘돼도 칭찬을 못 받을 때는 살짝 억울하기도 하다.

개봉을 앞둔 영화는 매주 온라인이나 극장 출구조사를 통해 영화에 대한 인지도와 선호도를 조사하는데, 어떤 영화도 결코 같은 폭으로 선호도가 오르지는 않는다. 홍보용 화보가 기가 막히게 잘 나와서, 제작보고회의 콘셉트나 영상이 무릎을 칠 만큼 재미있게 나와서, 배우 인터뷰 콘셉트를 잘 잡아서, 예능 프로에서 의외의 모습을 보여 준 것이 이슈가 되어서 등등 영화에 대한 인지도나 호감도가 갑작스레 상승하는 포인트는 영화마다 다르고, 마케터의 계획에 따라 다르다.

그러니 영화 마케터를 꿈꾸는 사람이라면 "영화가 재미있어서 잘된 거야."라고 단순하게 생각하기보다는 "그 영화 극장에서 하는 이벤트 봤어? 재미있더라, 특색 있고 새로운 거 같아."처럼 영화마다 마케팅 방식에 관심을 가지면 좋겠다. 관심이 쌓이면 자신만의 감, 마케팅 센스가 부쩍 늘어날 수 있다.

영화 마케터들끼리 하는 이야기가 있다. "우리 일은 마약 같아서 못

벗어난다."라고. 체력적으로 힘들고, 업무량 많고, 세상에서 가장 예민한 사람들을 상대해야 하는데도 이 일이 재밌고 흥미롭다. 관객들의 마음을 훔치기 위해 쉬우면서도 강렬한 카피를 짜내고 새로운 이벤트를 고민하는 과정은 힘들지만 결국 관객이 호응할 때 느끼는 성취감은 무엇과도 비교할 수 없다.

03   해외 세일즈

재미난 상품을 파는 무역업

| 김윤정 |

연세대학교에서 영문학과 사회학을 공부했다. 씨네클릭아시아에서 영화제와 마케팅을 담당할 때 〈올드보이〉가 칸 영화제 그랑프리를, 〈빈 집〉이 베니스 영화제 감독상을 탔다. 〈괴물〉, 〈추격자〉, 〈지금은 맞고 그때는 틀리다〉, 〈곡성〉, 〈우리들〉, 〈인천상륙작전〉, 〈서울역〉, 〈밀정〉 등을 세일즈했다. 현재 화인컷 해외팀 이사이다.

해외 세일즈 & 마케팅. 감독이나 배우처럼 명확한 직업명 없이 통칭하는 직업군이다. 영화업계의 다른 분야에 비해 생긴 지 얼마 안 되어서 아직 틀이 잡히지 않은 점도 많다. 한 가지 특징이 있다면 바쁜 시기와 상대적으로 덜 바쁜 시기가 정해져 있다는 점이다.

농한기와 농번기. 농부도 아닌데 무슨 말이냐 되물을 수도 있겠다. 전 세계에 꼭 참가해야 하는 대형 필름마켓은 2월 베를린 영화제, 3월 홍콩 필름마트, 5월 칸 영화제, 9월 토론토 영화제, 10월 부산 영화제와 도쿄 영화제, 11월 아메리칸 필름마켓 등이다.

영화제 시즌 전후 준비부터 마무리까지, 즉 마켓 전후로 대략 한 달을 잡아 1월 중순부터 6월 중순까지는 쉼 없이 달리는 농번기라고 할 수 있다. 6월 중순 이후부터 7월까지는 한숨 돌리는 농한기이다. 농한

기 없이 365일 일을 하라면 버티지 못해 나가떨어질 것이다. 중간에 쉼표를 두어야 다시 8월부터 시작하는 농번기를 맞이할 수 있다.

독립회사의 장점을 최대한 살리기 위해, 1년에 다루는 작품의 편수를 10~20편 내외로 유지하려고 한다. 그러다 보면 좋은 작품을 만나고도 함께할 수 없는 아쉬움이 생기지만 한 편 한 편 공을 들이려면 불가피한 선택이다. 영화마다 열성을 다할 수 있다는 것이 작은 회사가 가진 가장 큰 장점일지도 모른다. 특히 김기덕 감독님은 〈해안선〉 때부터, 홍상수 감독님은 〈잘 알지도 못하면서〉부터 오랫동안 우리에게 작품을 의뢰해 주셨다. 신뢰에 감사하고 있다.

세계 영화 밭에 한국영화의 씨앗을 뿌리다

작품을 의뢰받으면서 영화 한 편의 업무가 시작된다. 완성된 영화를 의뢰받아 세일즈를 진행할 때도 있지만 그렇지 않은 경우도 많다. 개발 단계에서 작품 의뢰가 들어올 때도 있는데 이런 경우에는 영화 제작의 모든 공정을 겪는다. 시나리오 작업부터 촬영, 후반 작업까지 단계별로 다른 준비가 필요하다.

판매 행위 자체는 무척 간단하다. 조건을 논의한 후 계약을 체결하면 끝이다. 실제로 많은 노력을 기울여야 하는 것은 판매 전 사전 준비와 판매 후 사후 관리이다. 사전 준비 과정으로 어떤 영화가 영화제에 진출한다고 가정해 보자. 영화제 측에서 요청하는 홍보자료를 국내 팀과 조율하여 전달하고, 좋은 상영 일자를 받아 내기 위해 애를 쓴다. 가령 애매한 오후 시간보다는 저녁 시간이 주목받기에 더 유리하다.

:: 해외 출장 중 바이어들과의 미팅은 해외 세일즈의 가장 중요한 업무이다.

    상영일이 결정되면 신경 쓸 일이 훨씬 많아진다. 기자 시사, 레드카 펫이 동반되는 프리미어 상영, 그 외 추가 상영 등 일련의 흐름 속에서 감독, 배우의 일정을 조정하며 인터뷰를 진행하거나 통역을 수배하고, 좋은 리뷰나 인터뷰 기사 등을 모아서 바이어들에게 제공하거나 국내 팀의 홍보용으로 활용하기도 한다. 이 외에도 세세하게 신경 써야 하는 작업을 거쳐 홍보를 하고서 영화를 판매한다.

    판매가 끝은 아니다. 판매 후에는 나라별로 개봉 지원에 나선다. 모든 나라의 개봉 일정이 같으면 좋겠지만 당연히 그렇지 않다. 프랑스, 영국, 미국, 일본, 중국 등 각 나라의 일정이 나오면 그에 맞춰 영화 홍보와 배급 준비에 필요한 자료 등을 전달한다. 개봉 일정과 계획 등을 문의하고, 포스터 시안이며 각종 광고·홍보 시안을 챙기고, 사용 규정에 맞게 진행하는지 확인해야 한다.

개봉이 완료된 후에는 극장 개봉 성과는 어떠한지, 비디오 출시와 부가 판권의 진행은 어떻게 되어 가는지, 추가 수익을 기대할 수 있을지 등을 따지는 지난한 작업이 이어진다. 그러니 영화 한 편이 국내에서 개봉하고 나서도 해외 쪽에서는 몇 년 이상 업무가 계속되는 경우도 빈번하다.

2004년, 세계 3대 영화제에서 상을 받다

나는 운 좋게 영화제 업무와 세일즈 업무를 모두 겪어 봤다. 각각 기억에 남는 순간들이 있다. 영화제를 담당할 때 있었던 일이다. 〈번지점프를 하다〉가 미국 퀴어 영화제(해외 일부에서는 퀴어 영화로 인식)에 가게 되었다. 관련 업무를 마무리하고 나서 잊고 지냈는데 어느 날 이메일 한 통을 받았다.

"퀴어로서 내 정체성에 갈등을 겪으며 힘든 날을 보내고 있었다. 삶의 끔찍한 지점을 지나고 있었는데 한국이라는 작은 나라에서 온 영화 한 편이 큰 위로가 되어 마치 구원을 받은 것 같다."

관계자가 아닌 개인 관객에게서 받은 첫 메일이었다. 감독이나 배우도 아니고 단지 업무로서 작은 기여를 했을 뿐인데, 한 사람의 인생에 큰 울림을 주었다니 정말 기뻤다. 아직도 잊을 수 없는 기억으로 남아 있다.

한국영화의 르네상스기라고 할 법한 2004년도 특별한 기억으로 남아 있다. 2004년은 한국영화가 세계 3대 영화제에서 상을 받은 해이다. 〈사마리아〉는 베를린 영화제 감독상, 〈올드보이〉는 칸 영화제 그랑프리, 〈빈 집〉은 베니스 영화제 감독상을 받았다. 정말 운 좋게도 이 작품 모두 우리가 진행했고 영광의 순간에 함께할 수 있었다. 요즘이야 해외 영화제 수상에 기대감을 가질 수 있는 분위기이지만 당시만 해도 상상하기 힘든 일이었다. 수상 소식이 들려올 때마다 짜릿했다.

2005년부터 시작한 세일즈는 또 다른 재미가 있었다. 특정 바이어의 영화 취향을 예측하고, 그 예측이 맞아떨어져 계약 체결에 성공할 때 느끼는 보람과 행복은 색달랐다. 관심을 보이는 바이어에게서 구매 의사를 끌어내고 계약 금액을 원하는 수준까지 끌어올리다 보면 '걸렸다' 싶은 순간이 있다. 목표한 대로 딱딱 맞아떨어지는 신나는 순간들. 물론 항상 그런 것은 아니다. 그리고 항상 그렇다면 짜릿하지 않을지도 모른다.

영화계보다 무역업에 가까운 업무

처음부터 일에 재미를 느낀 것은 아니다. 영화제 쪽부터 일을 시작했는데 아무것도 몰라서 실수도 잦았고 한국에서는 개척해야 하는 분야라서 스스로 찾아서 해야 하는 일이 많았다. 이 일을 시작한 것은 정말 우연이었다.

영화업계에는 마니아 출신이 많다. 영화 전공자이거나 영화를 매일 한 편 이상 보고 토론하는 사람들. 나는 그런 시네필은 아니었다. 일반 관객 수준에서 영화를 좋아하고 즐겼다. 첫 직장도 영화 쪽이 아닌 방

:: 다양성 영화와 상업영화를 가리지 않고 두루 세일즈한다. 〈추격자〉〈황해〉에 이어 세 번째로 칸에 진출한 나홍진 감독의 〈곡성〉은 칸 필름마켓에서 해외 바이어들의 주목을 받았다.

송 전시 분야였다. 대학 선배의 소개로 들어가서 1년 정도 일했는데 잘 맞지 않았다. 원체 관료적인 조직에서 일하는 체질이 아니었고 가욋일을 하기도 싫었다. 재미있게 할 수 있는 일이 뭘까 고민했다.

가장 좋아하는 책, 특히 소설 분야는 업으로 삼고 싶지 않아서 일부러 피했다. 언제든 일이 힘들 때 도피처로 삼을 수 있는 취미로 남겨두고 싶었다. 그다음으로 좋아하는 것이 영화였다. 마침 그 무렵 다른 선배한테 연락이 와서 이력서를 넣고 면접을 본 뒤 바로 회사를 옮겼다. 업무도 잘 모르면서 영화가 재미있으니 일도 재미있겠지 하는 막연하고 가벼운 마음으로 시작했다.

친구들은 내가 하는 일이 화려해 보인다는 말을 자주 한다. 칸 영화제, 리셉션, 드레스, 샴페인 등을 떠올리는 것이다. 하지만 현실은 전혀 다르다. 사무실에 박혀서 새벽 2~3시까지 버텨 내야 한다. 겉으로 화려해 보이는 직업은 대체로 3D 업종이다. 세상에 힘들지 않은 일이 어디에 있을까마는, 이 일은 특히 업무량이 과하기 때문에 체력이 있어야 버틴다. 환상적이고 아름답기만 한 일이라면 한번 업계에 발을 들여놓고 그만두지 않을 테지만, 2~3년 후에 그만두는 사람이 남아 있는 사람보다 많을 정도로 이직률이 높다.

시차도 일을 힘들게 만드는 큰 이유다. 업무 성격이 영화보다 무역업에 가깝다. 단지 남들보다 조금 재미난 상품을 파는 무역업이랄까. 외국과 연락하는 일이 잦다 보니 밤낮이 없어질 때가 있다. 예를 들면 아침에 일찍 출근해서 미주 업무를 처리하고, 낮에는 아시아, 오후에서 밤으로 넘어갈 때는 유럽 업무를 처리해야 한다.

이 서클에 잘못 발을 들이면 헤어나지 못한다. 한 작품을 끝냈다고 쉴 수 있는 구조가 아니다 보니 매년 같은 패턴이 반복된다. 마켓 몇 개를 준비하다 보면 일 년이 금세 지나고 나이가 들어 간다. 나이가 들면 비행기 타는 것도 점차 힘들어지고 밤을 새우는 것도 괴로워진다. 게다가 끊임없이 사람과 소통하는 업무라서 적합한 성격이 아니라면 힘들 수 있다.

덧붙여서 세일즈는 밖에서 사람들을 만나는 사교적이고 외향적인 업무도 있지만, 실제로는 차분하고 진득하게 처리해야 하는 사무적인 일이 대부분이어서 외향적, 내향적 성향이 모두 있어야 한다. 나는 원래 말하는 것을 굉장히 좋아해서 사람들을 만나서 막 떠들다가도 지쳐서 혼자 정리하고 싶어지는 성격인데 운이 좋게도 업무와 잘 맞았다.

원어민 수준의 영어 실력은 필수

무엇보다 영화에 애정이 있어야 한다. 과도한 업무량, 타 업계에 비해 부족한 처우를 메울 수 있는 것은 애정뿐이다. 또 해외를 상대로 한 업무라서 모든 커뮤니케이션이 영어로 진행된다. 영어 실력이 필수이다. 진득한 성격에 더해 이 분야에 관심과 호기심이 있으면 좋다.

한마디로 이 일에 가장 이상적으로 어울리는 사람은 원어민 수준의 영어 실력에 영화에 대한 강한 의지를 가진 사람이다. 그래서 일반 채용 사이트에는 공고를 내지 않는다. 그다지 관심이 많지 않으면서 해외 업무라는 이유로 지원하는 사람이 너무 많았다. 주로 영화과가 있는 취업정보실, 영화지 채용 페이지, 영화진흥위원회 채용공고란 등에 알린다. 기본적으로 영화에 관심 있는 친구들을 대상으로 하는 것이다.

경험이 없는 젊은 친구들은 자신의 업무 적성을 깨닫기 쉽지 않다. 일을 시작하고서야 자신이 어떤 자리에 적합한지 보인다. 그렇게 적성에 맞춰 순리대로 일하는 것도 필요하다. 반대로 자신의 업무에 지나치게 파고드는 것도 좋지 않다. 한 분야에 너무 애정을 쏟으면 시야가 좁아지고 업무의 깊이를 만드는 데 방해가 된다. 특히 다양한 사람을 계속 만나야 하는 업무라서 다방면에 지속적인 관심을 유지하는 것이 필요하다. 다른 나라 사람을 만날 때 그 나라의 현황, 역사, 문화 등을 알고 있으면 소통에 도움이 되는 것이 당연하다. 내가 지금까지 이 일을 하면서 깨달은 것은 결국 해외 세일즈는 사람과 사람이 하는 일이라는 것, 그리고 영화를 사랑해야 한다는 것이다.

(구술정리 : 최희숙)

04   영화제

최전방의 영화 문화 기획자

| 장병원 |

전주국제영화제 프로그래머이자 영화평론가. 2000년부터 8년 동안 영화주간지 『FILM 2.0』에서 취재기자, 편집장으로 일했다. 동서대학교 '임권택영화박물관'을 큐레이팅했고, 명지대학교 영화뮤지컬학부 영화학과 객원교수로 있다. 저서로 『영화사전』, 『Lee Myung-Se』 등이 있다.

나는 원래 영화잡지사 기자였다. 천직이라는 말을 찾아보기 힘든 요즘 시대에 '원래'라고 하니 어색하지만 8년 넘게 저널리스트를 자신의 업으로 알고 살았다. 우연히 시작한 기자 생활은 격무와 스트레스의 종합선물세트였지만 그만큼 배움과 즐거움, 보람도 주었다. 하지만 내가 직업으로서 만족했던 것과 별개로 회사 형편은 나아지지 않았다. 회생하기 어려운 상황에서 잡지사를 나온 나는 더 자유롭고 즐겁고 여유로운 일을 찾아야겠다고 다짐했다.

그러다가 기자 시절 선배였던 K로부터 전주국제영화제에서 같이 일해 보지 않겠느냐는 제안을 받았다. 국제영화제? 한 번도 생각해 본 적이 없는 일이었다. K선배가 제안한 일자리는 프로그래머. 영화 기자 시절 몇몇 국제영화제 프로그래머를 취재한 적은 있지만 내가 그 일을

하리라고는 생각해 보지 않았다. 일주일을 고민하고서 K의 제안을 받아들였다. 기자 생활이 뚜렷한 목적의식에 따라 움직였던 반면 영화제 프로그래머는 일 자체에 즐겁게 빠져 지낼 수 있지 않을까 하는 막연한 기대감에서였다. 곁에서 지켜본 프로그래머는 그렇게 보였다. 영화잡지 기자가 일주일 단위로 마감에 얽매여 살아야 하는 운명이었다면 영화제 프로그래머에게는 1년이라는 준비 기간이 주어진다는 것도 마음에 들었다.

프로그래머는 영화제의 꽃

어릴 때부터 영화에 심취했던 나는 대학 진학은 영화와 전혀 상관없는 전공을 선택했다. 당연히 전공에 흥미를 붙이지 못했고 졸업 후 독학으로 영화사, 영화미학 등을 공부하고서 대학원은 영화 전공으로 진학해 영화이론 석사, 박사 학위를 받았다. 8년 동안 일하며 편집장 역할까지 맡았던 영화잡지는 대학원을 졸업하고 얻은 첫 직장이었다.

이 일을 통해 영화에 대한 나의 관점은 꽤 성숙해졌다. 그전까지는 배타적인 취향을 지닌 영화 애호가였지만 저널리즘에 종사하면서 영화산업의 안팎을 지근거리에서 탐문할 수 있었고, 한 편의 영화가 만들어지고 선보이는 과정은 물론 대중문화로서 영화의 영향력이 작동하는 메커니즘을 현장에서 지켜봤다.

저널리스트일 때 본 국제영화제는 영화의 예술적인 면과 산업적인 면이 극적으로 교차하는 흥미로운 풍경이었다. 우리나라에 국제영화제가 처음 출범한 것은 1996년 부산국제영화제였다. 1990년대 중반 영화에 대한 대중의 관심이 폭발하면서 한국 영화계는 역동적으로 변화했다.

한국영화는 비로소 오랜 침체를 벗어나 '산업'으로서 의미를 갖기 시작했다. 영화적 자양분을 풍부하게 받고 성장한 시네필 세대가 등장했고, 영화산업이 몸집을 불려 가는 와중에 출범한 국제영화제는 '우물 안 개구리'에 머물렀던 한국의 영화 문화에 '혁명'을 가져왔다. 국제영화제 프로그래머로 일하면서 나는 영화제라는 이벤트가 산업적, 예술적 측면뿐만 아니라 '문화적으로' 더할 나위 없이 중요한 기능을 한다는 것을 알았다.

흔히 프로그래머를 '영화제의 꽃'이라고 한다. 한국에서 열리는 국제영화제에 참여해 본 사람은 알겠지만, 영화제의 대다수 행사는 상영작 프로그램에 영향을 받는다. 프로그래머는 프로그램을 통해 영화제의 '정체성'을 확립하고, 그에 부합하는 상영작을 선정하며, 초청·이벤트를 계획하는 등 영화제 콘텐츠를 생산하고 통솔하는 일련의 과정에서 핵심 브레인 역할을 한다. 따라서 프로그래머의 자질은 무엇보다 프로그램 기획과 작품 선정을 통해 드러난다. 프로그래머의 역량에 따라 영화제의 완성도가 가늠된다고 해도 과언이 아닐 정도이다.

그러나 프로그래머라는 직업에 대한 정보를 제공하거나 업무 제반을 교육하는 기관은 없다. 대개 영화학교나 영화업계에서 영화에 대한 안목을 갖추었거나 다양한 현장 경험을 쌓은 이들이 추천이나 공채에 따라 프로그래머 일을 한다. 영화를 선정하는 기본적인 자질을 제외한다면 프로그래머는 철저히 현장 경력을 통해 만들어지는 것이다. 따라서 영화제 자원봉사나 스태프로 일하며 일정 기간 경험을 쌓고 프로그래머가 되는 경우도 있다.

1년에 영화 1000편을 본다(?)

프로그래머로 일하면 영화를 원 없이 볼 수 있다. 영화 보는 것을 좋아하는 사람이라면 도전하고 싶은 욕심이 생기는 일이다. 영화제에 상영할 작품을 선정하기 위해 연간 10개 내외의 해외 영화제로 출장을 다녀온다. 유럽과 남미, 아시아, 미주를 수시로 왕래하면서 견문을 넓힐 수 있다는 것은 평범한 직장인들이 누릴 수 없는 호사이다.

그뿐이 아니다. 해외 영화제에서 만나는 감독, 배우, 프로듀서로부터 VIP 대접을 받는다. 그들은 프로그래머를 자신의 예술적 야심을 받아 줄 메신저로 생각하기 때문이다. 그 외에도 세계 영화의 최신 경향을 가장 빠르게 접할 수 있고, 국제영화제 커뮤니티의 유력 인사나 영화산업 종사자들과 지근거리에서 만나 네트워크를 쌓을 수 있다는 등의 장점이 있다.

지금까지 설명한 프로그래머의 직업적 매력은 동전의 양면처럼 직업적 고단함과도 떼려야 뗄 수 없다. 국제영화제 프로그래머는 자기 취향에 맞는 영화로 메뉴판을 짜는 것이 아니므로 보고 싶은 영화만 볼 수는 없다. 보기 싫은 영화까지 신경을 써야 한다는 것은 이만저만한 스트레스가 아니다.

해외 영화제로 출장을 가면 통상 하루에 10편쯤 영화를 본다. 물리적으로 하루에 10편의 장편영화를 보는 것은 불가능하다. 따라서 본다기보다는 스캔하듯이 접하는 경우가 많다. 커다란 스크린으로 영화를 보는 대신 빨리 돌려 보기가 가능한 비디오 라이브러리에서 컴퓨터 모니터로 영화를 본다. 이렇게 1년간 보는 영화는 줄잡아 1천 편이 넘는다.

:: 로카르노 영화제에서 수상한 박정범 감독과 함께. 해외 출장에서 접하는 국내 감독의 수상 소식은 항상 반갑고 기쁘다.

많은 영화를 보고 작품을 선정해야 하므로 영화의 유형이나 장르, 스타일 등에 대한 해박한 이해는 필수적이다. 영화사뿐 아니라 세계 영화계의 최신 트렌드를 읽어 내는 예민한 감식안이 필요하다. 취향이 뚜렷해야 하지만 개인의 취향만을 앞세우면 영화제 프로그램은 망가지기 쉽다.

영화는 나날이 외연을 넓혀 가고 있다. 최근에는 극장에 모여 영화를 보는 전통적인 관람 형식을 넘어 미술관, 박물관, 광장으로 나오기도 한다. 이런 최신의 경향을 기민하게 진단하고 프로그램에 반영하는 것, 왕성한 흡수력으로 영화에 대한 선구안을 기르는 것은 아무리 강조해도 지나치지 않다.

일단 영화제가 시작되면 프로그래머는 프로그램과 연결된 포럼이나 강연, 세미나를 기획하고 이를 수행할 인사를 섭외하거나 직접 진행한다. 해외 영화제를 참관하면서 작품을 고르거나 해외 영화제 관계자들, 산업계 종사자들과 소통해야 하므로 외국어 능력도 필수적이다.

한 편의 상영작이 결정되는 지난한 과정

두말할 나위 없이 국제영화제 프로그래머의 최우선 임무는 관객들에게 세계 영화의 첨단 경향을 발 빠르게 소개하고, 영화 시장에서 평소에 접할 수 없는 작품들을 상영함으로써 영화에 대한 지평을 넓히는 기회를 제공하는 것이다. 내가 프로그래머로 일하고 있는 전주국제영화제는 매년 2백 편이 넘는 영화를 상영하고, 1천여 명의 국내외 영화 관계자들이 손님으로 영화제를 방문한다.

출범 초기부터 전주국제영화제는 '대안, 독립, 디지털'이라는 슬로건을 앞세웠는데 한국에서 개최되는 국제영화제 중에서도 가장 급진적이고 독립적인 대안영화들을 발굴하고 지원하는 것을 정체성으로 표방해 왔다.

예를 들면 최근 몇 년간 전주국제영화제가 공을 들이고 있는 중남미 영화와의 결연관계가 이런 맥락에 있다. 2014년 이후 전주국제영화제는 중남미의 새로운 감독들을 적극적으로 소개하고 지원하는 정책을 쓰고 있다. 그곳 영화가 가진 잠재력이 최근 세계적으로 주목받고 있기도 하거니와 국제 무대에서조차 여전히 미답의 지역으로 남아 있기 때문이다.

아르헨티나와 브라질, 멕시코 등 전통적인 영화 강국 외에 칠레, 볼리비아, 베네수엘라 등에서 창조적인 비전을 가진 새로운 감독들이 국제 무대에서 맹위를 떨치고 있다. 중남미나 동유럽 등 그동안 영화 문화의 변방으로 여겨지던 지역들이 두각을 나타내는 현상은 우연이라고 보기 힘들다. 새로운 영화의 영토를 개척해 나가는 국제영화제 프로그래머로서 작품 선정은 이러한 기준에 따라 이루어진다.

한 편의 영화를 영화제에서 상영하기까지 프로그래머는 여러 업무를 수행한다. 가장 먼저 필요한 것은 프로그램 기획이다. 작품 선정에 들어가기 전에 전체 프로그램의 지도를 그리는 작업이 선행되어야 한다. 섹션 구분을 어떻게 할 것인지, 어떤 프로그램을 메인으로 할 것인지, 해당 연도의 특별 프로그램은 무엇으로 할 것인지, 특별히 조명해야 하는 지역이나 감독, 경향이 있는지 면밀하게 기획한다. 영화제의 정체성에 부합하는 프로그램, 다양한 대륙과 국가에 대한 안배, 저명 감독 혹은 배우의 지명도나 국제영화제 수상 이력 등도 고려사항이 된다.

이렇게 전체 그림이 완성되면 개별 작품들을 보고 선정 작업에 들어간다. 작품에 대한 스크리닝과 선정은 여러 경로로 이루어진다. 감독이나 프로듀서, 영화 세일즈 회사에서 작품을 출품하기도 하고, 해외 영화제를 참관하면서 작품을 선별하거나 온라인 스크리닝 사이트를 통해 영화를 보기도 한다.

세일즈 회사에 '영향력' 어필하기

프로그래머가 상영을 결정한 영화가 모두 영화제에서 상영되는 것은 아니다. 국제영화제의 외연 확대, 영화산업 종사자들의 이해관계는 영화제를 통해 중요한 작품을 볼 수 있는 기회를 제한하는 현상을 만

:: 로카르노 영화제에서 김동호 부산영화제 이사장과 함께. 해외 영화제 출장은 영화제 프로그래머들의 필수 업무 중 하나다.

들었다. 예를 들어 보자. 개인의 취향을 불문하고 영화제 프로그래머가 그해에 영화제에서 반드시 소개해야 할 작품이 연간 1백 편 가량 된다고 가정해 보자. 이들 중 대다수 작품은 판권 판매, 영화제 출품을 대행하는 세일즈 회사를 두고 있다. 세일즈 회사를 통해 유통되는 영화제용 상영본(프린트)은 통상 한 벌에 불과하다. 따라서 영화제에서 인기가 많은 소위 '영화제용 영화'는 촘촘한 일정으로 전 세계 영화제를 숨 쉴 틈 없이 순회한다. 국제영화제 수의 증가와 빠듯한 스케줄은 전세계를 돌아다녀야 하는 상영본의 운송과 가능한 상영 범위를 초과한 지 오래이다.

그래서 여기에는 선택이 개입할 수밖에 없는데, 이 선택을 좌우하는 것이 영화제의 '영향력'이다. 영화제에 상영본 공급을 담당하는 세일즈 회사는 그들의 영화를 상영할 영화제를 결정하는 권한을 가지고 있다.

'비즈니스'를 통한 이윤 추구를 소임으로 하는 그들의 선택을 좌우하는 결정 요인은 '판권 판매에 유익할 만한 영화제는 어디인가?'이다. 국제영화제가 극장 매출의 성패를 결정할 수 있는 중요한 요인이라고 세일즈 회사들은 인식하고 있다. 메이저 영화제조차 반드시 소개되어야 할 영화들을 보여 주지 못하는 이유가 여기에 있다.

그러나 어떤 영화제도 '시장'에서의 이윤을 추구하려는 목적으로 존재하지 않는다. 따라서 우리 영화제가 그들의 사업이나 명예욕을 충족시킬 기회라는 것을 세일즈 회사들에게 설득해야 한다. 프로그래머는 영화에 대한 이해와 분명한 시각을 가지고 세일즈 회사들에게 자신이 몸담고 있는 영화제의 중요성을 끊임없이 어필해야 한다.

세일즈 회사를 설득하는 과정에는 상영료 협상도 포함된다. 통상 회당 상영료를 얼마로 할 것인지 협상하는데, 감독을 초청하는 대가로 상영료를 지불하지 않는다거나 하는 다양한 협상 방식이 동원된다. 프로그래머에게는 협상의 기술도 필요한 셈이다. 모든 과정이 무사히 끝나면 상영본 전달 일정, 자막 제작을 위한 대본 및 각종 자료(포스터, 영화 소개 자료, 스틸 사진 등)의 교환 일정을 논의한다. 이렇게 상영작을 확정하면 감독이나 배우, 프로듀서 등 게스트를 초청할지, 해당 작품을 어느 섹션에 포함시킬 것인지 고민하기 시작한다.

프로그래머는 영화의 가치를 판정하지 않는다

국내외에서 영화제는 '스타벅스'처럼 급증하고 있다. 백화점식 프로그램을 구성하는 종합적인 성격의 영화제도 있지만, 특정한 장르와 노선, 주제를 앞세운 작은 영화제도 늘고 있다. 주류 영화제들은 해마다 더 많은 영화를 라인업에 포함시키면서 몸집을 불리고, 작은 규모의 영화제들은 영화 비즈니스 영역에서 배제된 대안적인 영화의 흐름을 적극적으로 소개하려 한다.

예를 들면 전주국제영화제가 추구하는 '독립'과 '대안'이라는 슬로건은 '한 사회의 다양성, 숨겨진 목소리를 드러내는 것' 혹은 '기성의, 유습화된 가치를 공격하고 대안을 주창하는 것'으로 정의할 수 있다. 이러한 정의를 따른다면, 드러나지 않는 소수의 목소리, 다양성을 지지하기 위해 프로그래머는 섣불리 선악의 가치판단을 앞세워서는 안 된다.

프로그래머는 영화의 가치를 판정하는 판관이 아니다. 무엇이 좋은 영화이고 무엇이 나쁜 영화인가? 무엇이 예술이고 무엇이 비즈니스인가? 영화제는 모든 가치를 넓게 펼쳐 놓고 관객들에게 판단의 근거를 제공하는 장이다. 사실 '좋은 영화'라는 개념을 내세우는 것 자체가 모순이다. 영화의 가치에 대한 기준과 판단은 저마다 다른 것이므로 누군가에게 좋은 영화가 다른 누군가에게는 나쁜 영화로 비칠 수 있다.

영화 문화의 성숙도를 나타내는 영화제는 좋은 영화뿐 아니라 나쁜 영화도 상영할 수 있어야 한다. 영화제가 고매한 예술영화의 성역이라는 관념은 해묵은 통념에 불과하며, 영화제에는 가치 있고 아름다운 영화만이 아니라 대하기 불편한 영화도 있어야 한다. 예술적 불편함, 정치적 불편함, 물리적 불편함을 감내할 수 있는 관용의 태도가 영화제와 관객들에게 필요하다.

영화제를 포함한 한국의 영화 문화는 전가의 보도처럼 다양성을 부르짖지만, 미시적으로 들여다보면 영상문화에 대한 분화된 취향을 수용하겠다는 태도가 읽히지 않는다. 최근 뜨거운 감자로 떠오른 영화제에서의 '표현의 자유' 논쟁은 이러한 한국 영화 문화의 구태를 적나라하게 보여 주었다. 〈다이빙벨〉로 불거진 부산국제영화제 사태의 본질은 영화제에 대한 고답적이고 계몽적인 관념에서 기인한 것이라고 생각한다. 〈다이빙벨〉뿐 아니라 모든 영화제에는 다양한 종류의 외적 압박이 존재한다. 〈다이빙벨〉 사태에서처럼 영화제에는 정치적인 압력만 있는 것이 아니다.

한국에서 영화제가 성립되려면 정부나 지방자치단체의 개입이 있어야만 한다. 전주국제영화제만 하더라도 전체 영화제 예산의 절반 이상을 시 보조금으로 충당한다. 예산을 의존한다는 것은 운영의 상당 부분을 공유한다는 뜻이다. 초창기에는 시 공무원이 영화제 사무실에 파견을 나와 상근으로 일하기도 했다. 감시인지 관리·협조인지 구분하는 것은 쉽지 않다.

이처럼 국제영화제는 물적, 제도적 토대를 이루는 다양한 이익집단들의 요구를 수용해야 하는 책무에서 자유롭지 못하다. 예를 들어, 영화제에 현금 협찬을 하는 스폰서는 대중들이 알 만한 배우들이 출연하는 영화를 요구하고, 영화계 및 연예계 유명 인사의 참석 여부를 후원의 중요한 기준으로 삼는 경우가 있다.

힘 있는 배급사들은 박스오피스에서 영향력을 발휘할 유력 영화를, 영화 프로듀서들은 미래의 파트너가 될 만한 참신한 감독들을 영화제를 통해 만나고 싶어 한다. 정부는 국가 시책에 동조하거나, 최소한 배치되지 않는 영화들을 상영해 주기를 바란다. 〈다이빙벨〉 상영 논란은 정부와 영화제의 정책이 정면으로 충돌한 사례이다.

따라서 영화제의 프로그램에는 복잡한 정치적 고려가 필요하다. 이익집단의 압박에 시달린다는 의미에서 정치적인 것이 아니라, 기득권이나 완고한 제도와 쟁투를 벌어야 한다는 점에서 정치적이다. 문화 기획자로서 프로그래머는 시네필과 시민 관객, 영화계 종사자들의 이해와 요구에 안테나를 세우면서 이러한 이익집단의 압력을 적절히 관리해야 한다.

국제영화제는 아이덴티티로 존재를 증명한다

영화제 프로그래머는 겉으로 보이는 것보다 그리 화려한 직업이 아니다. 처우도 그다지 좋지 않다. 40대 중반인 내가 영화제에서 받는 연봉은 동년배 회사원들이 받는 연봉에 한참 미치지 못한다. 그러나 물질적 보상 못지않은 보람이 있다. 자유롭고, 즐거우며, 창조적으로 스스로 주인이 되어 일할 수 있기 때문이다.

국제영화제가 출범한 지 20년이 지난 한국의 영화제 문화는 여전히 전통적인 영화제 패러다임에서 벗어나지 못하고 있다. 이런 상황에서 콘텐츠를 기획하고 생산하는 프로그래머의 역할은 더욱 중요하다. 그런 의미에서 나는 영화제 프로그래머가 '문화 기획자'라고 생각한다. 문화 기획자로서 프로그래머는 그저 영화를 골라 보여 주는 것 이상의 활동을 요구받는다.

영화제의 기능이라는 측면에서 본다면, 언어 능력이나 친화력 따위의 업무수행 능력보다 프로그래머에게 더 중요한 자질은 바로 이 '기획력'이다. 프로그래머의 기획력은 프로그램뿐 아니라 이벤트와 홍보, 마케팅, 전시 등 영화제 사업의 전 영역으로 퍼져 간다. 개별 작품을 고르는 감식안도 중요하지만 문화에 대한 의식을 가지고 창의적인 기획을 내는 프로그래머의 기획 감각은 영화제의 성패를 좌우한다.

그런 의미에서 나는 이전에 종사했던 영화잡지를 만드는 일과 영화제 프로그램을 구성하고 작품을 고르는 일을 같은 궤도에 놓을 수 있다고 생각한다. 영화잡지 편집장으로 한 잡지의 방향과 색깔을 고민하는 일과 영화제 프로그램을 기획하는 일은 비슷하다. 언론사마다 자신의 시각과 주장을 녹인 '논조'가 있듯이 국제영화제는 저마다 자신의 존재를 증명할 프로그램의 '아이덴티티'를 찾는다. 국제영화제에는 개최 도시도 있고, 이벤트도 있고, 부대행사도 있고, 볼거리와 먹을거리도 있지만 영화제의 위상은 프로그램을 통해 드러나는 '아이덴티티'로 평가를 받는다. '인상적인 아이덴티티를 만들고 부단하게 그것을 추구할 것', 3년 동안 프로그래머로 활동하면서 얻은 단 하나의 진실이다.

영화의 빛을 글로 옮기려는 갈망

05 영화평론

| 이용철 |

연세대학교 경영학과를 졸업하고 대기업에 근무하다가 지인의 추천으로 영화 사이트에 글을 쓰며 '영화칼럼니스트'로 불리기 시작했다. 『씨네21』 섹션 편집위원으로 활동하면서 『서울신문』, 『중앙일보』, 『조선일보』 등에 영화평론을 연재했다. 현재 익스트림무비 편집위원이다.

영화를 주제로 글을 쓴 지는 오래됐다. 1990년대 말, 대기업에 근무하던 나는 지인의 추천으로 영화 사이트에 글을 썼다. 처음에는 '영화칼럼니스트'로 불렸다. 적지 않은 돈을 버는 직장인이었기에 평론가로서 얻는 수입이나 명성에 그다지 신경 쓰지 않았다. 당시에는 내 직업이 '글을 쓰는 것'이라고 말하지도 않았다. 그러다 신문, 주간지 등에 계속 글을 쓰다 보니 '영화평론가'란 직함이 붙었다.

글을 쓰는 사람으로서 만족한 적은 거의 없다. 아니, 언제나 만족하지 못했다. 나보다 글을 더 잘 쓰는 사람이 있어서 그런 것은 아니다. 내가 마주한 예술과 내 글 사이에는 심연이 놓여 있다. 움직이는 이미지와 종이에 붙박은 글 사이에 놓인 심연은 항상 나를 두렵게 만든다. 그럼에도 계속 글을 쓰는 것은 '깊은 바닷속 짙푸른 빛'을 맛보았던 몇 몇 순간을 잊을 수 없기 때문이다. 그것을 문자로 옮기려는 갈망이 영화평론가의 길을 채찍질한다. 그것밖에 없다.

영화평론은 통찰이 필요한 예술이다

어떤 직업인이 되는 방법을 소개하기는 쉽지 않다. 일러 준 방법대로 따른다고 되는 것도 아니다. 두 사람이 똑같이 행동한다고 해도 같은 결과를 얻지 않듯이, 삶의 아이러니는 하나의 길 끝에 하나의 엔딩만을 마련하지 않는다.

우선, 영화평론가가 되려면 영화라는 학문을 먼저 배워야 한다고 생각할 것이다. 그렇다면 현실의 영화평론가들은 어떨까? 대학에서 영화를 전공한 평론가도 적지 않지만, 현재 한국에서 영화평론가로 가장 유명한 모 평론가는 영화를 전공한 적이 없다. 그가 영화와 관련해 쌓은 주요 경력은 일간지에서 영화 담당 기자로서 오랫동안 일한 것이다. 그 평론가가 누리는 유명세와 별개로, 평론이란 측면에서 가장 존경받는 몇몇 평론가도 마찬가지다. 그들도 영화와 관련된 매체에서 일했을 뿐, 영화를 학문으로 배우지 않았다.

여기에는 현실적인 이유가 있다. 1990년대 이전만 하더라도 한국에서 영화를 예술로 인지한 사람은 적었고, 당연히 미래를 위해 영화학을 전공하는 눈 밝은 이는 거의 없었다. 그런데 1990년대 후반에 한국영화 시장이 폭발하는 바람에 여기저기서 인재가 유입되었고 현재에 이르는 영화평론의 기초를 형성했다(실제 영화평론의 역사는 훨씬 오래되었다. 평론과 대중의 관계를 감안한 표현이다).

그렇지만 3세대 정도에 해당하는, 즉 21세기에 등장한 영화평론가들은 다르다. 그들은 학부는 물론 대학원에서 영화라는 예술을 연구한 경력자들이다. 그렇다면 영화학 석사를 받으면 영화평론가가 되는가? 한국에 영화평론가협회라는 것이 있기는 하지만 영화평론가는 국가공인자격증이 발부되는 분야가 아니다. 자기 스스로 영화평론가라고 부르고 그렇게 행세하더라도 법적으로 문제가 되지는 않는다. 다만 한국에서 영화평론가는 학교와 영화산업, 그리고 미디어 영역 안에서 어떤 인정을 받느냐에 따라 그 지위가 정해진다고 보면 된다.

길은 여러 가지다. 대표적인 길은 매체의 공모에 영화평론으로 응모해 수상하는 방법이 있다. 자격 요건을 따로 두지 않는 대신 공모에 응하는 사람들의 수가 적지 않다는 것이 함정이다. 경쟁자들에 비해 탁월한 글을 써내야만 한다. 또 하나는 학교에서 영화를 전공하고 졸업한 뒤 영화평론가협회의 추천을 받는 방법이다. 쉬워 보일지 모른다. 하지만 한 해에 영화학 석사학위를 받는 사람의 수가 얼마나 되는지 계산해 보길 바란다.

그 밖에 대중적으로 알려진 매체에 글을 쓰는 방법이 있다. 그런 매체에는 기존 필자가 자리를 지키고 있기에 그 자리를 뚫고 들어가기란 하늘의 별따기다. 다만 요즘처럼 웹이나 SNS 상에서 자신을 알리는 방법이 여럿이니 자신의 뛰어난 능력을 제대로 알릴 수 있다면 하늘의 별이라고 해서 못 따라는 법은 없다.

영화평론가라는 타이틀을 얻으면 미래가 저절로 열릴까? 더 좁은 바늘구멍이 기다리고 있다. 한국에서 영화평론가로 활동하는 사람은 생각보다 많은 반면, 그들이 글을 쓸 수 있는 매체는 한정되어 있다. 글을 잘 쓰지 못한다면 그야말로 고급 거지 꼴이다. 어떻게 해야

:: 영상자료원에서 〈만추〉 GV(관객과의 대화) 때. 오른쪽이 탕웨이의 남편인 김태용 감독.

할까? 어느 분야나 마찬가지지만 부단히 노력하지 않으면 영화평론가로서 살아남을 수 없다. 하나, 영화를 볼 것, 둘, 이론에 게으르지 않을 것, 셋, 충실한 삶을 살 것. 이 세 가지가 조화를 이루어야만 훌륭한 영화평론가가 될 수 있다.

영화평론가가 되기 전에 아무리 많은 영화를 보았다 하더라도 현대 영화의 경향과 방향을 읽기 위해 끊임없이 영화를 보고 또 보아야 한다. 음악을 듣지 않는 음악평론가가 있을 수 없듯이, 영화평론가가 영화 보기에 싫증을 느낀다면 일을 그만두어야 한다. 그리고 분석의 틀을 갖추기 위해 기본적인 이론 접근을 할 수 있어야 한다.

마지막으로 삶에서 벗어난 영화평론에는 색이 없다. 어두운 극장과 도서관에서 배운 것으로 쓴 글은 건조하기 마련이다. 삶의 풍성함이 더해져야 한다. 평론은 하나의 예술이며, 통찰과 예지는 삶과 밀착된 어떤 것이다.

대기업 직장인이 영화칼럼니스트가 되다

유달리 많은 시간을 영화를 보며 보낸 것이 사실이다. 하지만 서른 후반에 이를 때까지 영화와 관련된 어떤 일도 하지 않았다. 30대 후반에는 모 대기업에 속한 정유회사의 재무 부서 관리자였다. 이런 이야기를 하면 다들 신기하다는 반응을 보인다. 월급 잘 받으며 살던 직장인이 왜 영화평론가가 되었느냐고.

마흔을 앞둔 어느 날, 나는 주변의 선배들을 보며 뭔가 삶의 에센스가 부족하다고 판단했다. 삶을 끌고 가는 것이 아니라 삶에 이끌려 가는 그들이 맥없는 존재로 보였다. 용기를 냈다. 영화를 좋아하니까 그쪽 일이라면 무엇이든 할 수 있다고 생각해 사표를 냈다.

그러나 생각해 보라. 영화 경력이 전혀 없는 30대 후반의 남자를 누가 영화인으로 받아들이겠는가. 다시 모 대기업에 입사하고 고뇌하는 시간이 흘렀다. 그 기간에 지인이 편집장으로 있던 '엔키노'라는 영화사이트에 글을 썼다. 돈을 받고 글을 쓰는 일은 처음이었다. 내 글을 누군가가 읽는다는 사실 하나로 행복했다.

이어 DVD 제작사인 '스펙트럼 DVD'에서 일하면서 『조선일보』에 연재를 시작했다. 돌아보면 좀 파격적인 기회였고 운도 따랐다. 신인 필자가 영향력이 적지 않은 일간지에 몇 년에 걸쳐 연재를 한 것이다. 당시에는 영화칼럼니스트로 불렸고, 이후 『중앙일보』와 『서울신문』 등에 연재를 이어 가면서 영화평론가라는 직함이 자연스레 붙었다.

영화평론가 경력에서 제일 큰 힘이 되어 준 곳은 영화주간지 『씨네21』이다. DVD가 막 주목받을 시기에 마침 DVD 회사에 다닌 것이 점수를 얻었던 모양이다. 새로 편집장이 된 김소희 선생이 DVD 섹션을 강화할 의향을 보였고, 나와 다른 두 분을 섹션 편집위원 자리에 임명했다. DVD 코너가 여러 변화를 거쳐 마침내 사라질 때까지 자리를 지켰다.

지금은 평론가로 활동하는 정한석 선생이 당시 코너 담당 기자였는데 간혹 영화평론을 써 보지 않겠느냐고 제안했다. 겁이 많은 성격이기도 했고 『씨네21』에 걸맞은 글을 쓸 자신이 없어 계속 거절했다. 그때나 지금이나 『씨네21』에 평론을 쓰는 필자들은 오랜 경력으로 인정을 받은 사람이거나 『씨네21』이 자체적으로 선발한 평론가가 대부분이다. 나는 DVD칼럼니스트라는 타이틀이 굴레가 되었다. 그 무게를 떨쳐 내는 데 몇 년의 시간이 흘러야 했다.

어쨌든 다른 쪽으로 한눈팔지 않고 영화 쪽 글만 써 오면서 15년이 넘는 시간이 흘렀고, 언제부턴가 영화평론가라는 타이틀이 붙었다. 지금도 여전히 쑥스러운 타이틀이다. 이 쑥스러움을 극복하는 길은 어느덧 평생의 업이 된 글쓰기뿐이다.

글쓰기, GV, 비평수업, 영화제 심사 등으로 종횡무진

평론가가 하는 일에서 가장 비중이 큰 것은 글쓰기이다. 글을 쓰는 곳이 고정적으로 유지되면 좋겠지만, 인생사가 마음처럼 되지는 않는 법이다. 현재 주기적으로 기고하는 곳이 몇 군데 있다. 영화 주간지 『씨네21』, 영화진흥위원회의 영화 웹진 '넥스트플러스', 아시아나항공 기내지 『아시아나 엔터테인먼트』 등이다. 그리고 영상자료원, 서울아트시네마 등으로부터 원고 청탁을 받는다. 부정기적인 청탁을 포함해 대략 일주일에 두세 건 이상 원고를 써야 한다(여기에는 인터뷰가 포함되기도 한다). 인기 있는 필자는 아마 매일 마감을 해야 할 테지만 그 정도로 바쁘지는 않다. 그렇다고 2~3일에 원고 하나를 마감하는 것이 한가롭지는 않다.

원고는 그냥 책상에 앉아 있다고 나오지 않는다. 전문적인 내용의 원고이기에 평소부터 원고 쓸 준비를 부단하게 해야 한다. 원고를 청탁받고 준비하는 기간도 필요하다. 그리고 원고 쓰는 일 외에 다른 일도 동시에 진행해야 한다. 그런 점에서 원고 청탁이 많다고 무조건 좋은 일은 아니다. 천재라면 모를까 매일 원고를 쏟아 내면 원고의 질을 유지하기 어렵다. 어쩌다 일주일 내내 원고를 마감할 때가 있는데 나중에 그렇게 마감한 원고들을 보면 괴롭다.

내가 좋아하는 영화 취향과 평론가로서 내놓는 글에는 차이가 있다. 나는 대체로 고전영화나 예술영화에 일가견이 있는 사람으로 알려져 있다. 고상한 척하려고 하는 것은 아닌데, 어쩌다 보니 업계에서 나를 그렇게 인식한다. 예를 들어 몇 년 전부터 극장에서 평론가 등의 전문가가 관객과 만나 이야기를 나누는 행사가 빈번해졌다. 나는 일반 극장에서 관객과 만나는 경우보다 서울아트시네마나 한국영상자료원 같은 데서 관객과 만나는 때가 많다. 장소가 장소인 만큼 상영작은 고전영화나 예술영화 들이다. 이 또한 내게 굴레라면 굴레이지만 한편으로 하나의 전문 분야를 갖고 있다는 것은 중요하다. 평론가로서 아무 영화에 불려 다니는 것보다는 명확한 지점을 가지고 관객과 만나는 것이 명분에서도 낫다.

이런 경력으로 전북독립영화협회가 주관하는 '비평 수업'도 진행하고 있다. 글을 쓰는 사람이 글에 대해 말하는 수업이다. 아마추어 필자의 글을 읽고 논의하는 수업이 특별한 자극이 된다. 수강생들의 눈빛에서 느껴지는 열정에서 힘을 얻는다. 그밖에 특정 주제를 놓고 강연을 하기도 한다. 청강생들은 대부분 영화를 전공한 사람이 아니라 그냥 영화가 좋아서 참여한 사람들이다. 예전에는 이런 수업을 나가면 떨려서 입을 떼기도 어려웠다. 내가 선생으로서 교육 방법을 따로 배우지 않은 탓이다. 그런 떨림도 시간이 흐르면서 해결되었다. 만남의 즐거움, 지식을 전하는 행복을 느끼면 저절로 풀리는 문제다.

한국에서 매년 열리는 영화제가 130개를 넘었다는 말을 들었다. 영화인이라면 그 정도 되는 영화제와 관련되지 않기도 힘들다. 영화평론가로서 나는 심사 분야에 참여한다. 심사는 예심, 본심에 따라 일의 강도가 달라진다. 디지털로 영화를 찍는 세상이 되면서 예심에 제출되는 단편이나 장편영화의 수는 매년 기하급수적으로 증가한다. 불과 5년 전만 하더라도 1백 편의 장편을 예심에서 만나는 것은 상상할 수조차 없었는데, 얼마 전 모 영화제의 예심에서 3백 편이 넘는 장편영화와 만났다. 거의 실신할 지경이었다.

예심의 장점은 영화의 경향을 읽을 수 있다는 점과 영화제의 수준에 기여한다는 데 있다. 본심은 한정된 기간에 여러 편의 영화를 보아야 한다는 것이 부담이 되지만 노동 강도로는 예심에 비할 바가 못 된다. 본심은 명예직으로 받아들여야 한다. 모든 영화제에 관여하는 평론가도 있겠지만 나는 한 해 평균 두세 개의 영화제에 참여한다. 적어 보이지만 한 영화제의 예심에 한두 달이 걸리고, 카탈로그 원고 작업, 영화제 GV 등을 다 진행하려면 한 분기는 훌쩍 지나간다.

몇 년 전부터는 '익스트림무비'라는 영화 사이트의 편집위원으로도 일하고 있다. 김종철 평론가가 편집장으로 일하는 이 사이트는 2000년

:: 무주산골영화제에서 〈수련〉 GV 때. 김이창 감독이 마이크를 든 나를 진지하게 바라보고 있다.

대 초반에 소박한 사이트로 시작해 현재는 주목할 만한 영화 사이트로 성장했다. 한국에 제대로 된 영화 미디어가 별로 없는 지금, 익스트림무비가 지닌 가치는 작지 않다. 비록 나를 포함한 스태프 평론가들의 활동이 초반에 비해 저조하기는 하지만, 익스트림무비는 영화를 사랑하는 사람들이 목소리를 나눌 수 있는 공간으로 큰 역할을 맡고 있다. 얼마 전까지 나는 이 사이트에 엄청난 분량의 글을 쏟아 냈다. 스태프들이 원고료를 받지 않고 자발적으로 참여한다는 점을 감안하면 이상한 일이다. 오히려 이것을 나는 사이트의 장점으로 받아들였던 것 같다. 요즘은 빡빡해진 생활로 글을 자주 쓰지 못해 안타깝다.

   이 정도 설명이면 영화평론가가 하는 일이 어느 정도 머릿속에 그려질 것이다. 영화를 실컷 볼 수 있어서 부럽다는 막연한 상상은 이제 하지 않을 것이라고 믿는다.

영화평론가는 확고한 가치관이 있어야 한다

영화평론가로서 가장 중요한 것은 자질을 유지하는 일이다. 보고 분석하고 쓰는 일에 충실할 수 없다면 직업인으로서 문제가 발생한다. 이것이 평론가의 내적 문제라면, 평론가 개인이 통제하기 힘든 외적 측면도 존재한다. 사회적, 문화적, 정치적으로 엄청난 변화가 일어나는 시기에는 평론가도 혼자 조용히 글만 쓰기가 힘들다. 고독한 영화 연구가로서 세상사를 초월해 산다면 또 모를까.

영화평론가는 순수한 창작자도 아니고 그렇다고 순진한 감상자도 아니다. 경제적 이익을 극도로 추구하는 시대에 평론가의 위치는 대체로 미움을 받는 자리에 놓여 있다. 냉철하게 작품을 평론하면 감독, 제작진, 홍보사 등으로부터 호감을 얻기가 힘들다. 물론 호감을 얻는 것이 이 직업의 목표는 아니지만 평론가도 결국 업계 내에서 활동하는 직업인인 까닭에 마냥 독자적인 노선을 추구할 수는 없다. 그렇다고 해서 평론가의 양심을 버리고 달콤한 말만 일삼는 것은 더 괴로운 일이다. 눈앞의 이익만 노리고 그런 얄팍한 수를 부리는 평론가를 동료라고 생각하기는 어렵다.

영화평론에 대한 사회의 인식도 변화하고 있다. 영화를 본 뒤 남기는 짧은 문구가 언젠가부터 평론으로 불린다. 영화에 대한 인상에 가까운 단평이 평론으로 둔갑한 이유는 무엇일까. 매체에 실리는 영화 비평은 길어야 원고지 20매 정도이고 보통은 5매에서 8매에 불과하다. 그런데 이제 그 정도 분량이 읽기에 부담스러운 아주 긴 글로 취급받는다. 20자도 되지 않는 단평이 평론이라 불릴 때 평론가로서 민망한 것이 사실이지만 매체에서 가장 인기 있는 것이 단평이라서 마냥 무시

할 수는 없다. 영화평론을 실을 수 있는 매체가 점점 더 줄어드는 현실에서는 더욱 그러하다.

심지어 영화를 본 일반 관객이 웹사이트에 남기는 글을 감상문이 아니라 평론이라 부른다. 영화평론가에 대한 불신이 깊은 사람들은 오히려 그런 글에 더 호감을 표시하고는 한다. 직업인으로서 글을 쓰는 것과 취미로 글을 쓰는 것을 구분하지 못하는 데서 벌어지는 문제인데 평론가가 대응할 방법은 없다.

왜 이런 자질구레한 상황을 설명하느냐고 물을지도 모르겠다. 영화평론가로서 생존을 걱정해야 하는 현실 상황이라서 그렇다. 영화평론가의 꿈을 꾸는 사람에게 어두운 비전을 제시할 마음은 없다. 출신 학교 같은 기댈 언덕이 없는 영화평론가는 확고한 개인적 가치관을 가져야만 한다는 것을 말하고 싶다. 글을 쓴다는 것은 현실적인 경제 문제부터 영혼의 대가에 비유할 법한 가치관 문제에 이르기까지 끊임없이 고통과 싸워야 한다. 그런 각오가 있는 자만이 이 길을 가기를 바란다.

영화계의 파수꾼 같은 존재

| 장영엽 |

1984년생. 이화여자대학교 영어영문학과를 졸업했다. 현 『씨네21』 취재팀장. 올레 TV 〈스타케치〉 인터뷰 진행, KBS 〈한밤의 영화음악실〉, 팟캐스트 〈톡톡 영화만담〉 등의 고정 패널로 활동했다.

"영화기자라고요? 재밌는 일 하시네요."

내 직업을 소개할 때마다 열에 아홉은 비슷한 반응을 보인다. 가장 먼저 듣는 말은 영화를 많이 볼 수 있어서 좋겠다는 것이다. 영화를 일주일에 서너 편 이상, 그것도 언론시사회를 통해 무료로 볼 수 있다니 얼마나 좋은 직업이냐고. 다음으로 자주 듣는 말은 스타 배우와 감독을 직접 만나 대화를 나눌 수 있어 부럽다는 것이다. 그러면서 꼭 덧붙이는 질문이 있다. "그래서, 친한 스타는 누구예요?"

이런 질문에 명확한 대답을 하기가 어렵다. 일이 재미있다고 답할 수도 있고 배우 이름을 딱 짚어서 댈 수도 있지만 그 행간에 설명해야 할 것이 너무도 많기 때문이다. 설명하자면 이렇다. 영화기자는 화제의 영화를 누구보다 빨리, 자주, 무료로 볼 수 있지만 극장에 나들이를 온 관객의 마음으로 영화를 볼 수는 없다. 한손에는 펜, 한손에는 노트를 들고 영화를 보며 떠오르는 생각들을 쉴 새 없이 써 내려가야 하기 때문이다.

그러다 보니 크리스토퍼 놀란 감독의 영화처럼 서사 구조가 복잡한 영화를 한 편 보고 나면 마치 몇 시간가량 격렬한 운동을 한 것처럼 진이 쏙 빠진다. 누구보다 빨리 영화를 볼 수 있다는 특권 속에는 관객들이 영화를 보기 전에 작품의 만듦새를 짐작할 수 있도록 주요 정보를 최대한 빠르게, 확실히 전달해야 한다는 책임감이 포함되어 있다. 어떤 영화기자도 이 책임감이 주는 긴장에서 자유로울 수 없다.

영화관은 영화기자에게 일터일 뿐이다

그래서 시사회에서 영화를 볼 때에는 일반 관객이 느낄 수 있는 순수한 즐거움과 감흥을 온전히 누릴 수 없다는 점에서 아쉬운 마음이 들기도 한다. 나 역시 종종 주말에는 기자가 아닌 관객으로 극장을 찾기도 하는데, 노트와 펜이 아닌 팝콘과 콜라를 들고 극장에서 편한 마음으로 영화를 보는 기분이 그렇게 행복할 수가 없다.

또 영화기자가 되면 다양한 영화인들을 만난다. 그중에서도 취재로 가장 자주 만나는 영화인은 단연 감독과 배우다. 하지만 인터뷰만으로 이들과 친분을 쌓는 데에는 한계가 있다. 각 매체에 주어진 인터뷰 시간은 30분에서 한 시간 정도에 불과하고, 이 시간 동안은 영화 이야기만 하다가 끝난다. 게다가 편하게 한 말이 기사에서 부정적인 뉘앙스로 비쳐 곤욕을 치른 적이 있는 영화인들은 기자를 어렵고 불편한 존재로 여기기도 한다.

물론 같은 영화인을 지속적으로 인터뷰해 안면을 익히기도 하고, 사석에서 혹은 영화 현장에서 오랜 시간을 함께 보내며 친분을 쌓기도 하지만 기본적으로 감독과 배우 등 주요 스태프는 영화기자라고 해서 손쉽게 가까워질 수 있는 존재가 아니다. 영화기자들이 가장 일상적이고 빈번하게 연락을 주고받는 이들은 오히려 개봉작의 마케팅을 담당하는 영화 홍보사와 배우들을 담당하는 매니지먼트, 영화 제작사, 수입사, 그리고 투자배급사 등의 관계자들이다.

그러니 이 직업의 화려하고 흥미진진한 면에만 주목하는 영화기자 지망생이라면 마음을 달리 먹는 것이 좋겠다. 영화산업 전반에 대한 관심과 이해, 기자로서의 책임감과 호기심이 없다면 오래 버틸 수 없는 직종이 바로 영화기자이다.

기자라는 꿈과 영화라는 키워드가 만나다

나는 2008년부터 『씨네21』에서 기자로 일하고 있다. 처음부터 영화기자를 꿈꿨던 것은 아니다. 어린 시절에는 사회 각계각층의 다양한 사람을 만나 한국사회 이면을 대중에게 알리고 싶다는 마음에 기자가 되고 싶었다. 그래서 중고등학교 시절에는 영화보다 신문이나 방송 뉴스, 시사주간지에 더 관심이 많았다.

영화에 대한 사랑은 한순간에 찾아왔다. 2004년 가을, 영화과에 다니던 친구에게서 연락이 왔다. 종로에서 재미있는 영화제가 열리는데 표를 구해 줄 수 있다는 것이었다. 홍콩의 유명 감독 왕가위의 대표작

〈아비정전〉과 〈화양연화〉, 〈중경삼림〉을 저녁부터 새벽까지 연달아 상영하는 행사라고 했다.

호기심에 찾아간 종로영화제에서 나는 일생일대의 사랑을 만났다. 왕가위 감독의 영화는 황홀했다. 마치 영원히 깨고 싶지 않은 꿈처럼. 아비(장국영)가 맘보 음악에 맞춰 부드럽게 춤을 출 때, 치파오를 입은 수 리첸(장만옥)이 아파트의 좁은 복도를 위태롭게 걸어갈 때, 내 마음속에는 형언할 수 없는 감정이 스며들기 시작했다. 이전까지 영화관에서 느껴 보지 못한 벅찬 감정을 안고 새벽녘 극장을 나서며, 나는 이 설명할 수 없는 기분에 대해, 영화라는 매체에 대해 좀 더 자세히 알고 싶다는 생각이 들었다.

그때부터 일주일에 서너 번 넘게 극장을 찾았다. 학교 수업이 비는 시간이면 시청각실에 가서 오래된 고전영화를 빌려 보기도 했다. 박찬욱, 봉준호, 홍상수, 김기덕, 오손 웰스, 히치콕, 루이스 브뉘엘, 에릭 로메르의 존재를 알게 된 것도 그즈음이다. 기자라는 꿈과 영화라는 키워드가 그렇게 만났다.

영화기자가 되는 길은 좁고 좁다

영화기자가 되기로 마음먹었지만, 꿈을 이루기는 쉽지 않아 보였다. 우선 이 직업에 대해 내가 알고 있는 정보가 지극히 제한되어 있었다. 영화기자가 되는 가장 일반적인 방법은 신문사, 방송사 등 일반 언론사에 입사한 뒤 문화부에 근무하는 것이다. 일반 언론사는 매년 공채를 하므로 결원이 생길 때에만 사람을 뽑는 영화전문지에 비해 기회의

:: 〈아가씨〉 상영 후 박찬욱 감독과 GV를 진행하고 있다. 영화에 대한 이야기를 감독, 관객들과 나누는 시간은 영화기자로서도 뿌듯하고 영화인으로서도 행복하다.

폭이 넓다.

문제는 정치, 사회, 경제, IT 등 다양한 부서를 거치는 로테이션 방식의 업무 이동이 일반 언론사에서는 빈번하다는 점이다. 경력이 쌓이면 자신의 특기나 전문 분야를 인사 담당자에게 적극적으로 알릴 수도 있겠지만, 갓 입사한 신입기자라면 자기가 원하는 부서를 스스로 선택할 수 없는 경우가 허다하다.

경력기자라고 해도 한 부서에 오래 머문다고 장담할 수 없다. 한 선배는 음악을 담당하다가 갑작스럽게 사회부로 적을 옮기게 되었을 때의 당황스러움을 이렇게 말했다. "지난주까지만 해도 동방신기를 인터뷰하고 있었단 말이야. 그런데 이번 주부터 갑자기 경찰서에서 절도로 붙잡힌 사람을 취재하고 있으니 어안이 벙벙하더라고." 영화기자에만 관심 있는 사람이라면 일반 언론사에 입사하는 것이 다소 부담스러운 선택지가 될 수 있다는 말이다. 실제로 영화기자를 꿈꾸며 언론사에 입사했다가 문화부에 발령받지 못하고 다른 부서에서 방황하고는 퇴사를 결심한 사례를 들은 적도 있다.

『씨네21』 등의 영화전문지는 다른 의미에서 입사가 어렵다. 일반 언론사에 비해 취재기자 수가 열 명 안팎으로 현저하게 적고, 누군가 퇴사할 경우에만 사람을 뽑기 때문에 언제 기회가 생길지 미리 짐작할 수가 없다. 공채가 나도 수백 대 일의 치열한 경쟁률을 뚫어야 한다. 게다가 영화전문지는 어느 정도 준비된 기자를 선호하는 경향이 있다. 일반 언론사보다 취재 인원이 적은 만큼 수습 기간도 짧고 개인의 역량도 중요하기 때문이다. 자기소개서부터 시작해 영화 상식과 리뷰, 영어 독해 시험 등으로 이어지는 치열한 테스트를 거쳐 영화기자가 된 사람도 근무환경에 빠르게 적응하지 못하면 오래 버티지 못한다.

영화기자에게 가장 중요한 것은 글쓰기 실력이다. 아무리 영화를 많이 알고 좋아하더라도 자신이 아는 것을 글을 통해 효과적으로 전달하는 능력이 없으면 영화기자가 될 수 없다. 그래서 평소에 영화를 보고 느낀 바를 노트나 웹사이트에 일목요연하게 정리하는 연습이 필요하다.

나는 기자시험을 준비하며 언론에 알맞은 글쓰기를 꾸준히 연습하기도 했지만, 대학 시절부터 대학생 잡지의 문화팀 학생리포터로 영화를 보고 글을 쓰거나, 전주국제영화제에 관객평론가로 참여하는 등 영화 글쓰기에 관련된 아르바이트만 집중적으로 선택한 점이 특히 도움이 되었다.

글쓰기 실력과 친화력이 업무 핵심역량

글쓰기 실력을 타고난 사람도 간혹 있지만 결국 글쓰기에서 가장 중요한 것은 습관이다. 매주 몇 편씩 영화 리뷰를 꾸준하게 써 온 사람과 그렇지 않은 사람은 언젠가 차이를 보인다. 영화기자를 꿈꾸는 사람이라면 일반 회사가 요구하는 각종 자격증과 스펙을 쌓기보다 그 시간에 영화 한 편을 더 보고 리뷰 한 편을 더 써 보는 편이 낫다. 결국 심사하는 사람이 가장 눈여겨보는 것은 어떤 대학 어느 학과를 졸업하고 무슨 자격증을 가지고 있느냐가 아니라 지원자의 글 솜씨이기 때문이다.

그다음으로 필요한 자질은 친화력이다. 기자는 기본적으로 사람을 상대하는 직업이다. 영화인들을 만나 영화 정보를 얻고, 대중이 흥미로워할 이야기를 잘 정리해 소개하는 것이 영화기자의 중요한 역할이다. 영화에 대한 글을 쓰기에 앞서 영화산업에 몸담고 있는 사람들을 만나는 것은 영화평론가와 영화기자의 가장 큰 차이이기도 하다.

영화인들과 친밀한 관계를 유지하려는 노력은 섭외에 중요한 영향을 미친다. 기자로 일하다 보면 섭외력이 취재에 얼마나 큰 영향을 미치는지 실감하는 순간이 종종 있다. 개봉을 앞둔 영화의 감독과 배우 등은 마케팅에 도움이 되므로 비교적 쉽게 만날 수 있지만, 그렇지 않은 경우 섭외에 결정적인 것은 평소 취재원과 맺고 있는 관계이다.

한번은 한자리에 모으기 힘든 두 톱스타의 만남을 추진한 적이 있다. 이 인터뷰를 성사할 수 있었던 것은 평소 두 톱스타와 깊은 친분을 맺고 있는 어느 감독 덕분이었다. 아무도 주목하지 않았던 초짜 감독 시절부터 서로 응원을 주고받는 사이가 되어 이후 유명 감독이 되었을 때 누구도 해내지 못하는 단독 인터뷰를 성사한 선배 기자도 보았다.

섭외에 관한 일화들을 보면 영화기자에게는 영화인들과의 긴밀한 네트워크 구축이 무엇보다 중요하다는 생각이 든다. 기자들이 인터뷰 같은 공식 취재뿐만 아니라 영화와 관련된 각종 행사에 적극적으로 참석하는 이유도 그래서다.

특히 부산국제영화제 등 큰 규모의 영화 축제가 열리면 평일과 주말을 막론하고 모든 영화기자가 영화제에 모여든다. 영화제 취재는 물론 영화제에 모인 수많은 영화인과 안면을 트고 적극적으로 교류하기 위해서다. 이처럼 사람과의 관계가 무엇보다 중요한 직업이라서 낯을 심하게 가리거나 사람들과 대화하는 일이 부담스럽다면 영화기자라는 직업이 맞지 않는다.

영화산업에 궁금증을 가져야 좋은 아이템을 얻는다

영화기자는 좋은 아이템을 판단하고 고르는 '감'도 있어야 한다. 훈련만으로 키울 수 있는 능력은 아니다. 영화 정보는 차고 넘친다. 수십 개 매체가 같은 영화를 두고 어마어마한 양의 기사를 쏟아 낸다. 그 가운데서 독자의 눈길을 사로잡는 영화기사를 쓰려면 어떻게 해야 할까? 다른 사람들이 주목하지 못한 시각으로 영화와 사람을 바라볼 수 있어야 한다.

가령 올해 개봉한 작품의 엔딩 크레디트에 자주 이름이 오르는 시나리오 작가가 있다면? 분명 이유가 있을 것이다. 영화감독들이 어느

:: 영국 감독 마이클 윈터바텀 인터뷰 사진. 해외 거장 감독을 직접 만나 인터뷰할 수 있는 것은 영화 기자로서 누리는 특권 중 하나이다.

순간부터 중국과 자주 협업을 한다면? 그러한 변화에는 어떤 산업적 요인이 있을지 모른다. '왜?'라는 물음으로 현상을 깊이 들여다보는 자세가 필요하다. 영화와 산업에 대한 호기심과 궁금증이야말로 좋은 아이템을 발견하는 출발점이다.

영화에 애정과 지식을 갖추고 있다면 다른 직업에 비해 많은 '스펙'을 요구하지 않는 직업이 영화기자이지만, 딱 한 가지 중요한 스펙이 있다면 바로 중급 수준 이상의 영어 독해력이다. 여전히 외화는 한국 영화산업에서 중요한 비중을 차지하고 있다. 할리우드 영화 등 주요 외화 정보를 개봉 이전에 해외 웹사이트에서 찾아야 하는 경우가 허다하다.

국내외에서 열리는 각종 국제영화제를 취재할 때에도 어학 능력은 중요하다. 영화제가 열리기 전에 상영작을 미리 보고 추천작을 소개해야 할 때가 많은데, 자막 작업이 채 끝나지 않은 영미권 영화는 자막 없이, 그 외 지역의 상영작들은 영어 자막으로 관람해야 한다. 영어를 해석하고 듣는 데 무리가 없는 수준이라면 영화기자의 기본 요건은 갖춘 것이고, 회화 실력까지 갖추었다면 더욱 선택의 폭이 넓어진다. 영어로 모든 취재가 진행되는 칸 국제영화제 등 세계 유수의 영화제에 참석할 수 있는 기회가 주어지기 때문이다.

때때로 해외의 유명 감독, 배우와 전화로 영어 인터뷰를 하기도 한다. 나는 영문학 전공에 회화가 가능하다는 이유로 다른 기자들보다 이런 혜택을 자주 누릴 수 있었다. 가장 기억에 남는 인터뷰이는 중국 배우 탕웨이다.

탕웨이와의 잊지 못할 인터뷰

탕웨이는 2014년에 김태용 감독과의 결혼 소식이 알려진 뒤 수많은 매체가 인터뷰를 신청했지만 한국 매체와의 공식 인터뷰에 한 번도 응한 적이 없었다. 그러던 중 후배 기자가 취재원의 도움을 받아 어렵게 탕웨이와의 인터뷰를 성사시켰다.

문제는 인터뷰가 워낙 갑작스럽게 결정되어 중국어 통역을 구하기가 어려웠다는 점이다. 부산국제영화제 개막식 당일이었기에 모든 통역사가 중화권 영화인들의 의전에 동원되었다. 결국 서울에서 중국어 통역사를 부를 수밖에 없었고, 그분은 부산국제영화제 개막식이 끝나는 시간에 맞춰 탕웨이와의 인터뷰 자리에 오기로 했다.

그런데 돌발 상황이 발생했다. 개막식이 예상보다 너무 일찍 끝났고, 탕웨이는 예정 시간보다 한 시간 일찍 장소에 도착했다. 설상가상으로 주말이라 부산 시내 교통이 온통 마비가 돼 통역사가 제 시간에 도착하지 못했다. 자칫하면 단독 인터뷰가 취소될 수도 있는 아찔한 상황이었다. 다행히 탕웨이 쪽에서 영어로 인터뷰가 가능하다는 의사를 전해 왔고, 영어를 할 수 있다는 이유로 후배 기자 대신 내가 예정에 없던 인터뷰를 하게 되었다.

탕웨이는 다정하고 따뜻한 사람이었다. 그녀는 자신이 말하고자 하는 바를 영어로 명확하게 설명할 수 없을 때마다 핸드폰으로 국내 포털 사이트의 한중사전을 검색해 내게 보여 주었다. 김태용 감독과도 그렇게 소통한다는 것을 그때 알았다. 통역을 거쳤다면 보다 정제된 방식으로 표현되었을 그녀의 말들은 진솔하고 꾸밈이 없었다.

영화 관계자들이 동석하지 않은 자리에서 진행된 그날 인터뷰는 지금까지도 내게 강렬한 인상으로 남아 있다. 외국어 능력은 영화기자로서 기회의 폭을 넓혀 주는 것은 물론 해외 영화인들과 보다 속 깊은 대화를 나눌 수 있는 멋진 도구가 되기도 한다.

"혹평할 수는 있어도 네 글이 나쁘면 안 돼"

영화기자를 하다 보면 마음이 불편한 순간도 찾아온다. 내 글로 인해 누군가가 상처를 입기도 하기 때문이다. 모든 영화에 좋은 평가를 내릴 수는 없다. 가끔 혹평을 한 영화의 감독이 직접 연락을 해서는 '이 영화 망하면 그건 당신 기사 때문'이라고 항의하는 경우도 있다. 신입 시절에는 수많은 스태프의 노력과 땀이 담긴 영화를 단 몇 천 자의 글로 정의해야 하는 부담감과 무게감으로 잠을 설친 적도 있다.

지금도 그런 순간이 찾아올 때마다 한 선배의 말을 떠올린다. "영화를 혹평할 수는 있지만 네 글이 나쁘면 안 돼." 모든 영화에 호평을 할 수는 없지만, 영화를 만든 사람의 의도와 영화를 보는 사람이 흥미를 느낄 지점을 치열하게 고민하며 영화인과 대중을 잇는 중간자의 역할에 충실한 것이 영화기자의 사명이라는 점을 그 말을 통해 배웠다.

늘 마감의 압박에 시달리면서도, 일반 대기업에 한참 못 미치는 박봉을 받으면서도 지금까지 영화기자를 계속하는 것은 이러한 경계인의 위치에 여전히 매혹을 느끼기 때문인지도 모르겠다. 충무로 안에서 벌어지는 모든 일에 관심을 두고 당대 영화계의 흐름을 기록하는 영화기자는 한국 영화계의 파수꾼 같은 존재다.

5장

영화인 정보 업그레이드

01 영화인에 대한 궁금증 10문 10답

영화인, 아는 만큼 보인다!

| 최은진 |

동국대 대학원에서 영화이론으로, 호주 시드니대 대학원에서 영화연출로 학위를 받았다. 영화평론가, 다큐멘터리 감독, 영화제 프로그래머, 대학 강의 등 영화에 관련된 일을 두루 섭렵하고 있다.

1. 영화인이란 어떤 사람인가요?

영화인이라 통칭하는 직업군은 영화의 기획, 제작, 상영, 평론 등 영화를 둘러싼 모든 공정에 참여하는 사람들을 말합니다. 영화 밖에서 보면 '영화'라는 큰 범주에 들어가는 직업이지만, '영화인' 안을 들여다보면 너무나 다양한 작업과 세분화된 업무로 나뉘어 있습니다. 『영화인이 말하는 영화인』에 참여한 영화인들만 해도 스무 명이 넘는데, 이들 말고도 더 다양한 직종이 존재하는 곳이 바로 영화인이라는 직업군입니다.

이렇게만 보면 너무 포괄적인 것 같지만, 한 편의 영화가 기획되어 관객에게 선을 보이기까지의 과정에 참여하는 사람들이라는 점에서는 명확하다고 할 수 있습니다. 그리고 직업에 대한 열정과 영화에 대한 사랑이 크다는 점에서 분명히 다른 직업군들에 비해 자긍심이 높다는 것도 특징입니다.

2. 영화인이 되려면 꼭 대학을 졸업해야 하나요? 꼭 영화학과나 관련 학과를 나와야 하나요?

영화산업에서 실제 종사하는 영화인들을 살펴보면 학력이나 전공에 거의 장벽이 없다고 봐도 무방합니다. 대학 졸업자나 영화 전공자들이 영화계에 많긴 하지만, 그렇지 않은 영화인들도 많습니다. 학력 차별이 없는 것이 특징이지만, 그만큼 실력으로 철저히 평가받는 곳이 바로 영화계입니다.

그렇다고 영화학과로 대학에 진학하는 것이 영화인이 되는 데 전혀 도움이 되지 않는 것은 아닙니다. 대학교에서 받는 영화의 이론과 실습 교육은 예비영화인으로서 미리 갖추면 좋은 소양을 쌓는 데 도움이 됩니다. 그리고 학교 장비로 실습작품들을 만들어 보는 것이 자신의 재능이나 열정을 확인할 수 있는 기회가 되기도 합니다.

또한 영화는 기본적으로 팀워크로 하는 작업이기 때문에, 같은 영화 전공자들이 모여 미리 팀 작업에 대한 경험도 쌓을 수 있고, 함께 공부한 동기들이 나중에 영화 현장에서 함께 커리어를 쌓는 동료가 되기도 합니다.

3. 영화 관련 학과에 진학하면 주로 어떤 공부를 하나요?

영화학과에 진학하면 영화에 관련된 전반적인 이론과 제작 실습을 교육받습니다. 이론 과목에는 영화사, 영화비평, 영화산업 등의 수업이 있고, 제작 실습 과목에는 영화 기획, 시나리오, 연출, 촬영조명, 프로덕션 디자인, 편집, 홍보마케팅 등의 수업이 있습니다. 매 학기 또는 매 학년 실습 작품에 참여하고, 졸업 요건인 졸업 작품에도 참여해야 합니다.

4. 영화인이 되려면 시나리오를 잘 써야 하나요?

꼭 그렇지는 않습니다. 물론 시나리오 작가가 되려면 시나리오를 잘 쓰는 것이 필수겠지요. 하지만 다른 직무들은 좋은 시나리오를 선별할 수 있는 능력과 시나리오를 잘 이해하고 분석하는 능력이 필요합니다. 따라서 영화인으로 일하려면 시나리오 분석력이 필수라고 할 수 있습니다.

영화 기획부터 촬영, 조명, 사운드, 음악, 미술, 편집까지 모든 직무에서 각자의 파트를 중심으로 시나리오를 분석하고, 이를 영화 기획, 촬영 및 후반작업 과정에서 조화롭게 협업하는 것이 좋은 영화가 만들어지는 데 필수적입니다.

감독이 스크린에 표현하려고 하는 각 신의 정서를 촬영감독은 카메라 위치 및 앵글, 사이즈 등의 방법으로, 조명감독은 조명기의 선택, 조도, 세팅의 방법으로, 미술감독은 프로덕션 디자인으로 각자 자기의 직무에 맞춰 표현합니다. 이것은 프리프로덕션 단계에서부터 이뤄지는데, 이 모든 작업의 기준이 시나리오입니다.

덧붙이자면 한국은 다른 나라에 비해 감독이 직접 시나리오를 쓰는 경우가 많습니다. 달리 말해 시나리오를 쓸 수 있는 능력이 있다면, 직접 연출하는 기회를 얻을 수 있다고 볼 수도 있습니다.

5. 영화 관련 공모전에는 어떤 것이 있나요?

영화 관련 공모전은 매년 주최사의 상황 및 방침에 따라 변동이 있기 때문에 특정 공모전을 언급하기에는 무리가 있습니다. 다만 영화 관련 공모전의 카테고리는 크게 다음과 같습니다.

영화 작품 공모는 국내외 영화제들이 영화제 일정에 맞게 미리 공지하기 때문에, 특정 영화제에 출품하고 싶다면 영화제 공지를 확인해야 합니다. 영화제 상영작으로 결정되면, 극장 스크린에서 영화가 상영될 기회와 관객 및 영화계 관계자들에게 영화를 선보일 기회를 동시에 잡는 것이 됩니다. 영화제의 규정에 따라 상과 상금이 수여되기도 합니다.

영화 기획 아이템 피칭이 영화제에서 이뤄지기도 합니다. 예심을 거쳐 선발된 영화 기획은 영화제 및 제작사 관계자들을 대상으로 피칭할 기회를 잡게 되며, 투자가 이뤄질 경우 영화 제작으로 이어집니다. 주로 영화 제작 지원 사업을 지속적으로 하는 영화제에서 이뤄지며, 영화 제작을 위한 투자 유치를 공식적인 자리를 빌려 시도할 수 있는 좋은 기회 중 하나입니다.

영화 시나리오 공모전으로는 영화 제작사를 비롯해 문화예술 관련 기업, 단체, 지자체 등에서 주관하는 것들이 지속적으로 있습니다. 상금 또는 영화 제작 지원 등이 제공되기도 합니다.

영화평론 공모전은 영화전문잡지나 영화평론가협회 등에서 개최합니다. 공모전에서 수상자로 선정되면 영화평론가로 공식 데뷔를 하며, 영화평론이나 영화 리뷰를 쓸 수 있는 기회를 얻습니다.

6. 영화인에게 필요한 자질은 무엇인가요?

영화를 흔히 종합예술이라고 합니다. 시각적 요소와 청각적 요소, 즉 비디오와 사운드가 결합한 형태를 지니고 있고, 이는 시나리오라는 문학예술을 기반으로 합니다. 그런데 시나리오는 인간 삶의 전반적인 영역을 다루기 때문에 인문학적 소양과 긴밀한 관계를 가지고 있죠.

또 영화의 시각적, 청각적, 문학적 요소는 창작, 즉 창의력의 영역에 있습니다. 프로덕션과 포스트프로덕션, 상영 과정에서는 카메라를 비롯한 다양한 기계를 사용하기 때문에 공학적인 측면도 있고, 기술 발전이 영화의 표현 영역을 넓히는 데 큰 역할을 하고 있기도 합니다.

결론적으로 종합예술이라는 말이 전혀 과장이 아닌, 정확한 표현임을 알 수 있습니다. 이는 곧 영화인에게 필요한 자질이 특정 능력에 한정되는 것이 아니라, 삶의 전반적인 영역에 대한 관심과 인문학적 소양은 물론 시각적, 청각적 요소들의 다양한 표현에 대한 시도, 문학과 영상에 대한 이해, 영상과 매체에 대한 기술 습득 등 다양한 영역에 걸쳐 요구된다는 것을 알 수 있습니다.

삶을 다양하게 경험하고 공부하는 것이 어떤 형태로든 영화 작업에 도움이 됩니다. 영화인들의 전공과 배경이 제각각인데, 결국 자신의 영화세계를 구축하고 실제 영화작업을 하는 데 영향을 줍니다. 사회학을 전공한 감독이 사회적 메시지를 담은 영화를 더 잘 연출할 수 있고, 심리학에 관심을 갖고 연구한 시나리오 작가가 캐릭터의 심리적 상태를 더 설득력 있게 표현할 수 있습니다. 특정 지역 출신이라면, 그 지역에 관련된 영화 기획을 더 현실적이고 구체적으로 할 수 있기도 합니다.

한마디로 영화가 인간의 삶을 다루는 예술영역이라는 점을 염두에 두고 다양한 경험을 하면 좋습니다. 그리고 그 경험을 영화적으로 표현하는 방법을 연구하는 한편 좋은 영화를 꾸준히 보고 좋은 영화적 경험을 많이 쌓는 것이 영화인이 되는 준비 과정이라고 하겠습니다.

7. 어떤 경로를 통해 영화인이 되나요?

영화인 구인구직 사이트로 대표적인 것이 필름메이커스(www.filmmakers.co.kr)입니다. 영화 스태프 구인공고는 물론 배우 캐스팅 공고도 많고, 영화 제작에 관련된 각종 정보도 게시하고 있습니다. 영화인이라면 누구나 알고 있는 사이트로, 장편 상업영화는 물론 학교실습영화에 관련된 공고까지 다양한 정보가 올라옵니다. 영화잡지의 광고란에도 종종 영화 관련 구인공고가 올라오는데, 이 경우는 홍보마케팅, 영화기획업무, 영화 배급사 또는 수입사 등과 관련한 공고가 많은 편입니다.

영화계는 공채만큼 인맥을 통한 구인도 활발합니다. 주로 학교 선후배의 추천을 받아 스태프를 구하는 경우가 많고, 한 작품 이상 참여한 경력이 있으면 함께 일한 사람들에게 평판을 물어보기도 합니다. 영화는 기본적으로 팀 작업이라서 개인의 실력만큼 팀워크가 중요하기 때문입니다. 영화인은 주위의 평판이 곧 이력서가 되는 시스템이라고 보면 됩니다.

8. 영화인은 상업영화와 독립영화, 두 분야로 나뉘어 있나요?

먼저 상업영화와 독립영화를 구분하자면, 상업영화는 외부 자본이 투자되어 기획제작되는 영화로, 배급과 상영에 따른 이윤창출을 우선하는 영화를 말합니다. 그에 반해 독립영화는 창작자의 예술세계를 우선하는 영화로, 외부 자본이 들어오지 않기 때문에 상대적으로 제작비는 낮지만 그만큼 영화제작 과정에서 자율성이 보장됩니다. 우리가 흔히 극장에서 접하는 영화들은 대부분 상업영화에 속하는데, 거대 자본이 투입되는 영화인만큼 참여하는 스태프도 많고, 기획부터 상영까지 자본의 시스템 안에서 움직입니다. 독립영화는 흔히 예술영화와 함께 예술영화 전용관이나 영화제에서 상영됩니다. 독립영화와 예술영화는 엄연히 다른 뜻이지만(독립영화는 외부 자본에서 독립된 영화이고, 예술영화는 대중성보다는 예술성을 우선하는 영화), 상업적이지 않은 공통점이 있어 함께 묶여 상영되는 경우가 대부분입니다.

상업영화와 독립영화의 영화인을 엄격히 구분하지는 않지만, 둘의 경계가 어느 정도 있는 것이 사실입니다. 영화의 제작비 규모가 곧 인건비의 규모와 직결되는 점도 있고, 상업영화와 독립영화가 각각 갖고 있는 특유의 매력도 다르기 때문입니다. 상업영화에 주로 참여하며 독립영화 작업도 병행하는 영화인들은 '독립영화가 갖고 있는 표현의 자유로움과 제작 과정의 독립성이 좋다'고 하고, 독립영화에 있다가 상업영화로 넘어가는 영화인들은 '시스템이 갖춰진 합리적 제작 환경에다가 거대 자본이 투입되어야 가능한 장면들까지 촬영할 수 있어서 좋다'고 말하기도 합니다.

9. 영화인의 보수 및 대우는 어떤가요?

다른 직업도 마찬가지겠지만 영화인의 보수 및 대우를 쉽게 말하기가 어려운 점이 많습니다. 왜냐하면 평균을 내기에는 최고와 최하의 차이가 너무 크고, 영화의 제작비 규모에 따라 한 사람이 작품마다 다른 보수와 대우를 받기도 하기 때문입니다. 하지만 예전에 비해 점점 나아지고 있다는 말을 영화인들이 공통적으로 하고 있습니다.

최근 10년 사이에 구두계약 및 통계약이 표준계약서로 바뀌었고, 전국영화산업노조(www.fkmwu.org)도 생겼으며, 임금체불 및 부당해고 등에 대한 대처와 정보공유도 영화인 신문고(www.sinmungo.kr)에서 도움을 주고 있습니다. 영화가 산업으로 자리 잡아 가는 과정이라고 봐도 될 것입니다.

하지만 기본적으로 영화인 대부분은 어느 회사 소속이 아니라 프리랜서로 일합니다. 영화 제작을 시작할 때 모였다가 제작이 끝나면 흩어지는 과정을 반복합니다. 영화계에서 실력을 인정받아 작업 의뢰가 줄을 선 영화인도 있지만, 매번 고용불안에 대한 스트레스를 떨칠 수 없는 영화인도 있는 것이 현실입니다. 진입장벽이 낮은 만큼, 실력을 인정받아야만 살아남을 수 있는 곳이 영화계입니다.

10. 직업으로서 영화인의 비전은 어떤가요?

영화인들은 예술과 산업이 만나는 '영화산업' 분야에서 일하는 사람들입니다. 영화 작품을 만든다는 목적으로 한 팀이 되어 움직이면서 보수를 받는 사람들이지요. 그래서 예술적인 측면에서는 다른 산업 현장보다 열정적이고 감각적이며 감성적인 일터이고, 산업적인 측면에서는 모든 것이 예산집행과 직결되고 팀워크가 중요하며 긴장감이 감도는 곳입니다.

여느 예술 산업이 그렇듯이 예술인들이 모여 함께하는 그 자체로 흥이 오르기도 하고, 감수성 예민한 사람들이 모여 있는지라 치열한 기싸움이 벌어지기도 하며, 결국 사람이 하는 일이라 동지애로 똘똘 뭉치기도 합니다. 좋아서 하는 일로 돈까지 버는 행복한 사람들이 바로 영화인이라 할 수 있죠. 물론 행복한 사람의 전제는 꾸준히 일을 할 수 있는 것이겠지만요.

　영화인들과의 대화에서 '직업으로서 영화인의 비전'을 물으니 다들 '힘든 점이 분명히 있지만, 도전해 볼 만한 분야'라고 입을 모았습니다. 한 작품이 완성되어 극장에 걸릴 때의 만족감은 이루 말할 수 없다고 했습니다. 자식 같은 작품들이 하나둘씩 세상에 나올 때만큼 뿌듯할 때도 없다고 말이죠. 영화인을 직업으로 살아가는 것이 만만치 않지만, 영화가 아닌 다른 분야에서도 실력을 인정받아 승승장구하기가 어렵기는 마찬가지입니다. 영화인이라는 단어에 가슴 뛰는 사람이라면 도전이 곧 답이겠지요.

부록 1

영화인에 대해 알 수 있는 영화와 드라마

영화

| 〈아메리카의 밤(Day For Night)〉(1973) |

장르 : 드라마 국가 : 프랑스, 이탈리아 감독 : 프랑수아 트뤼포
출연 : 재클린 비셋, 장-피에르 오몽, 발렌티나 코르테스, 장 피에르 레오, 프랑수아 트뤼포

〈아메리카의 밤〉은 영화에 대한 영화, 즉 메타 영화로 가장 잘 알려진 작품 중 하나다. 프랑스 누벨바그의 대표 감독 중 한 명인 프랑수아 트뤼포(Francois Roland Truffaut)가 영화에 대한 애정을 아낌없이 표현한 연애편지 같은 작품이다. 한 편의 영화가 제작되는 과정을 처음부터 끝까지 고스란히 보여 주는 이 영화는, 연출자인 프랑수아 트뤼포가 직접 감독 역으로 출연하여 영화에 대한 자신의 애틋한 감정을 직접 연기한다. 영화 속 영화인 〈파멜라를 소개합니다〉의 촬영지인 프랑스 니스의 빅토린 스튜디오가 배경으로, 배우와 스태프들 사이에서 벌어지는 다양한 에피소드와 그 과정에서 겪게 되는 희로애락이 영화의 주요 스토리 라인이다. 트뤼포의 경험에서 모티브를 가져온 것들로, 허구와 사실이 뒤섞인 그럴 법한 사건들이 펼쳐진다.

배우 스케줄 때문에 촬영 일정이 엉망이 되어 버리기도 하고, 필름 현상소의 실수로 대규모 엑스트라가 동원된 장면을 재촬영해야 하는 어이없는 일도 벌어진다. 크고 작은 사건·사고들이 연이어 터지는 촬영 현장을 잘 통제하며 영화를 끝까지 완성시키는 일은, 마치 거친 파도가 치는 성난 바다에서 무사히 목적지에 잘 도착하는 것이 유일한 목적인 큰 배와 같아 보일 지경이다. 감독과 제작자가 이러한 상황을 잘 극복해 나가는 것에 응원을 보내고 싶은 심정이 커질 즈음 다행히 영화 촬영이 마무리되고, 촬영 종료와 함께 배우와 스태프들은 다른 영화에서 만날 것을 기약하며 스튜디오를 떠난다.

대규모 스태프들과 예민한 배우들, 그리고 영화에 대한 책임감에 어깨가 무거운 감독과 제작자 간의 복잡한 인간관계에서 끊임없이 발생하는 충돌과 불안을 동반한 영화 제작이 진행되지만, 함께 영화를 만든다는 공통된 목적과 예술가적 감성 그리고 현장의 사소한 즐거움과 예상치 못한 희열을 경험하는 모습을 지켜보다 보면 영화인이란 계속 영화 곁에 머물 수밖에 없는 중독성 있는 직업이라는 걸 알 수 있게 된다. 제8회 전미비평가협회상에서 감독상, 작품상, 여우조연상을, 제27회 영국아카데미시상식에서 작품상, 여우조연상, 데이비드 린 상을, 제38회 뉴욕비평가협회상에서 감독상, 작품상, 여우조연상을 수상했다.

| 〈트럼보(Trumbo)〉(2015) |

장르: 드라마 국가: 미국 감독: 제이 로치
출연: 브라이언 크랜스톤, 다이안 레인, 헬렌 미렌, 루이스 C.K., 엘르 패닝

〈로마의 휴일(Roman Holiday)〉(1953), 〈브레이브 원(The Brave

One〉〉(1956)으로 아카데미 각본상을 수상한 시나리오 작가 달튼 트럼보(Dalton Trumbo)의 극적인 인생을 담은 영화다. 재능 있는 시나리오 작가가 냉전 시대라는 거대한 정치적 흐름에 의해 11개 필명을 사용할 수밖에 없었던 사실을 무겁지 않게 그려 낸다. 실제로 아카데미 시상식에서 〈로마의 휴일〉과 〈브레이브 원〉의 수상자명이 모두 필명으로 발표되었던 상황의 비하인드 스토리는 영화 산업에 대한 정치적 검열의 불합리성이 시대의 아이러니였음을 보여 준다. 영화의 전체적인 줄기는 크게 두 가지인데, 하나는 1940년대 할리우드에 불어닥쳤던 매카시즘의 매서운 시대적 광풍이고, 또 하나는 트럼보라는 다작 시나리오 작가의 직업적 소명의식이다.

트럼보는 눈에 띄는 재능을 가진 예술가이지만, 동시에 시나리오 작업을 직업적 소명으로 여기는 이성적인 사람이다. 어느 날 갑자기 불현듯 찾아오는 영감을 쫓는 사람이 아니라, 매일매일 성실히 써 내려가는 글쟁이에 더 가깝다. 재능과 성실함을 갖춘 그는 부산물로 엄청나게 빠른 글쓰기 속도를 갖게 되고, 나중에는 마치 1인 체제로 운영되는 글 공장같이 다작을 하는 작가로 거듭나게 된다. 정치적 신념 때문에 경제 활동이 불가능해진 상황에서도 부양해야 할 가정에 대한 책임감으로 다수의 필명을 마다 않는 트럼보의 태도는, 시나리오 작가가 가져야 할 성실함의 끝을 보여 준다.

영화는 트럼보의 시나리오 집필 과정뿐만 아니라, 새로운 작품의 아이디어 구상, 시나리오 작가와 영화 제작자 간의 팽팽한 관계, 잘 풀리지 않는 집필 과정의 정신적 괴로움, 시나리오 작가로서 생계를 유지하는 것의 현실적 고민, 시나리오가 좋은 영화로 탄생하여 인정받을 때의 성취감 등 시나리오 작가의 직업적 측면을 다각도로 보여 준다. 시나리오 작가라는 직업에 대해 구체적이면서도 경쾌하게 풀어낸 영화다.

| 〈어댑테이션(Adaptation)〉(2002) |

장르: 드라마, 코미디 국가: 미국 감독: 스파이크 존즈
출연: 니콜라스 케이지, 메릴 스트립, 크리스 쿠퍼, 틸다 스윈튼

'어댑테이션'은 '각색'이라는 뜻이다. 제목에서 단번에 알 수 있듯이, 이 영화는 책을 원작으로 하는 영화의 각색 과정을 그린다. 『난초 도둑(The Orchid Thief)』이라는 책의 각색을 맡은 시나리오 작가인 찰리 카우프만(Charlie Kaufman)은 첫 시나리오 작품인 〈존 말코비치 되기(Being John Malkovich)〉(1999)의 대성공에도 불구하고, 자존감 낮은 콤플렉스 덩어리이다. 소심한 성격은 그의 재능마저 고개 숙이게 만드는지, 『난초 도둑』의 각색 작업은 점점 힘들어지기만 한다. 매력 있는 원작을 각색하는 것이 작가로서 성취감을 가져오는 것이 아니라, 오히려 원작의 매력에 짓눌려 작업이 힘들어지는 각색 작가로서의 딜레마가 찾아온 것이다. 게다가 자신과 똑 닮은 외모지만 성격은 정반대인 쌍둥이 동생 도날드가 작가로 승승장구하자, 오히려 이것이 찰리를 더욱 주눅 들게 만든다.

이 영화는 시나리오 작가가 글이 한 줄도 써지지 않는 고통스러운 경험을 하게 될 때 느끼는 깊은 괴로움과 내적 방황을 신경증적 의식의 흐름을 따라 보여 주는 방식을 택한다. 재능은 있지만 이것이 맘처럼 쉽게 발현되지 않을 때의 강박적 불안을 여실히 보여 주고, 그가 결국 완벽한 각색을 위해 택한 방법이 그를 더욱 위험에 빠트리게 만드는 영화의 전개는 찰리의 불안만큼이나 과격하다. 각색 과정의 어려움을 보

여 주는 영화인 만큼 영화 관람에 약간의 인내심을 요하기는 하나, 그만큼 각색 과정이 쉽지 않음을 경험할 수 있는 영화이다. 제53회 베를린국제영화제에서 심사위원 대상, 제75회 아카데미 시상식에서 남우조연상, 제67회 뉴욕비평가협회상에서 각본상, 제28회 LA비평가협회상에서 남우조연상을 수상했다.

드라마

| 〈또 오해영〉(2016) |

장르: 로맨스, 코미디 국가: 한국 연출: 송현욱
출연: 문정혁, 서현진, 전혜빈, 예지원, 김지석

〈또 오해영〉은 영화음향감독이라는 직업이 꽤 상세하게 묘사된 드라마이다. 남자주인공인 박도경의 직업이 사운드 스튜디오 대표를 겸하는 영화음향감독인 설정인데, 직업적 성격이 캐릭터에 잘 녹아 들어가 있고 음향 작업 모습도 꾸준히 등장한다.

 한 남자와 두 여자가 얽힌 로맨스와 코미디를 그리는 드라마이기 때문에, 박도경의 음향 작업 과정도 서정적인 장면과 코미디적인 장면이 고루 섞여 묘사되는 재미가 있는 작품이다. 타고나게 예민한 청각을 소유한 박도경이 완벽에 가까운 소리를 만들어 내기 위해 작업하는 모습을 통해 다양한 영화 사운드 제작 과정을 보여 준다. 도시와 시골 등 여러 공간에서 녹음해 오는 사운드 채집 장면, 스튜디오에서 소리를 만들어 내는 폴리 장면, 현장감을 더하기 위해 야외에서 사운드 스태프들이 소리를 만들어 내는 장면, 사운드 스튜디오에서 영상과 소리를 결합하는 장면 등 영화 음향에 관련된 대부분의 공정이 드라마 곳곳에서 등장한다. 음향감독과 스태프들이 함께 일하는 과정에서 벌어지는 충돌뿐만 아니라, 힘들게 작업한 후 얻어지는 결과물에 대한 성취감까지 사운드 스튜디오의 일상을 엿볼 수 있다.

부록 2

전국 영화 전공 대학 일람표

지역	교육기간	대학명	학과명	주소	전화번호
강원	4년	강원대학교 삼척캠퍼스	연극영화학과	강원도 삼척시 중앙로 346	033-570-6114
경기	4년	경희대학교 국제캠퍼스	연극영화학과	경기도 용인시 기흥구 덕영대로 1732	031-201-3114
	4년	단국대학교 죽전캠퍼스	공연영화학부	경기도 용인시 수지구 죽전로 152	1899-3700
	4년	대진대학교	연극영화학부	경기도 포천시 호국로 1007	031-539-1114
	4년	명지대학교 자연캠퍼스	영화뮤지컬학부	경기도 용인시 처인구 명지로 116	1577-0020
	4년	성결대학교	연극영화학부	경기도 안양시 만안구 성결대학로 53	031-467-8114
	4년	수원대학교	문화예술학부	경기도 화성시 봉담읍 와우안길 17	031-220-2114
	4년	용인대학교	영화영상학과	경기도 용인시 처인구 용인대학로 134	031-332-6471~6
	4년	중부대학교 고양캠퍼스	공연예술학부	경기도 고양시 덕양구 동헌로 305	031-8075-1000
	4년	평택대학교	공연영상콘텐츠학과	경기도 평택시 서동대로 3825	031-659-8114
	3년	동아방송예술대학교	영화예술과	경기도 안성시 삼죽면 동아예대길 47	031-670-6600
	3년	서울예술대학교	영상학부	경기도 안산시 단원구 예술대학로 171	031-412-7100

지역	과정	학교명	학과명	주소	전화번호
경북	4년	동양대학교	연극영화학과	경상북도 영주시 풍기읍 동양대로 145	054-630-1114
대전	4년	목원대학교	TV/영화학부	대전광역시 서구 도안북로 88	042-829-7114
	4년	배재대학교	연극영화학과	대전광역시 서구 배재로 155-40	042-520-5114
부산	4년	경성대학교	연극영화학부	부산광역시 남구 수영로 309	051-663-4114
	4년	동서대학교	영화과	부산광역시 사상구 주례로 47	051-313-2001~4
	4년	동의대학교 가야캠퍼스	영화학과	부산광역시 부산진구 엄광로 176	051-890-1114
	4년	부산대학교	예술문화영상학과	부산광역시 금정구 부산대학로 63번길 2	051-512-0311
	4년	부산외국어대학교	영상콘텐츠융합학과	부산광역시 금정구 금샘로 485번길 65	051-509-5000
	4년	영산대학교 해운대캠퍼스	문화콘텐츠학부	부산광역시 해운대구 반송순환로 142	051-540-7000
서울	4년	건국대학교 서울캠퍼스	영화·애니메이션학과	서울시 광진구 능동로 120	02-450-3114
	4년	경기대학교 서울캠퍼스	미디어영상학과	서울시 서대문구 경기대로9길 24	02-390-5114
	4년	국민대학교	공연예술학부	서울시 성북구 정릉로 77	02-910-4114
	4년	동국대학교 서울캠퍼스	영화영상학과	서울시 중구 필동로 1길30	02-2260-3114
	4년	서경대학교	영화영상학과	서울시 성북구 서경로 124	02-940-7114
	4년	성균관대학교 인문사회과학캠퍼스	영상학과	서울시 종로구 성균관로 25-2	02-760-0114
	4년	세종대학교	영화예술학과	서울시 광진구 능동로 209	02-3408-3114
	4년	숭실대학교	예술창작학부	서울시 동작구 상도로 369	02-820-0114
	4년	중앙대학교 서울캠퍼스	공연영상창작학부	서울시 동작구 흑석로 84	02-820-5114

지역	기간	학교명	학과	주소	전화번호
서울	4년	추계예술대학교	영상시나리오과, 영상비즈니스과	서울시 서대문구 북아현로 11가길 7	02-362-5700
	4년	한국예술종합학교 석관동캠퍼스	영상원	서울시 성북구 화랑로32길 146-37	02-746-9000
	4년	한양대학교 서울캠퍼스	연극영화학과	서울시 성동구 왕십리로 222	02-2220-0114
	3년	서일대학교	영화방송과	서울시 중랑구 용마산로 90길 28	02-490-7300
세종	4년	홍익대학교 세종캠퍼스	디자인영상학부	세종특별자치시 조치원읍 세종로 2639	044-860-2114
	3년	한국영상대학교	영화영상학과 외	세종특별자치시 장군면 대학길 300	044-850-9000
인천	4년	인하대학교	연극영화학과	인천광역시 남구 인하로 100	032-860-7114
전북	4년	예원예술대학교	연극영화학과	전라북도 임실군 신평면 창인로 117	063-640-7114
	4년	우석대학교 전주캠퍼스	연극영화학과	전라북도 완주군 삼례읍 삼례로 443	063-290-1114
	4년	전주대학교	영화방송제작학과	전라북도 전주시 완산구 천잠로 303	1577-7177
	3년	백제예술대학교	방송연예과, 방송시나리오극작과	전라북도 완주군 봉동읍 백제대학로 171	063-260-9114
충남	4년	공주대학교 공주캠퍼스	영상학과	충청남도 공주시 공주대학로 56	041-850-8114
	4년	상명대학교 천안캠퍼스	영화영상학과	충청남도 천안시 동남구 상명대길 31	041-550-5114
	4년	순천향대학교	공연영상학과, 영화애니메이션학과	충청남도 아산시 순천향로22	041-530-1114
	4년	청운대학교 홍성캠퍼스	방송영화영상학과	충청남도 홍성군 홍성읍 대학길 25	041-630-3114
	4년	한서대학교	영화영상학과	충청남도 서산시 해미면 한서1로 46	041-660-1144
	4년	호서대학교 아산캠퍼스	문화예술학부	충청남도 아산시 배방읍 호서로 79번길 20	041-540-5114
충북	4년	극동대학교	미디어영상제작학과	충청북도 음성군 감곡면 대학길 76-32	043-879-3500

충북	4년	서원대학교	공연영상학과	충청북도 청주시 서원구 무심서로 377-3	043-299-8114
	4년	중원대학교	연극영화학과	충청북도 괴산군 괴산읍 문무로 85	043-830-8114
	4년	청주대학교	영화학과	충청북도 청주시 청원구 대성로 298	043-229-8114